D0914427

LA
CUISINE DES CHAMPS

Données de catalogage avant publication (Canada)

Gardon, Anne

La cuisine des champs
Comprend des références bibliographiques et un index.

1. Cuisine (Plantes comestibles). 2. Cuisine (Aliments sauvages). 3. Plantes sauvages comestibles. I. Titre.

TX823.G37 1994 641.6 C94-940273-7

Conception graphique de la couverture:
Gaétan Venne
Photos:
Anne Gardon
Conception graphique et montage de la maquette intérieure:
Mario Paquin

© 1994, Les Éditions de l'Homme,
une division du groupe Sogides

Tous droits réservés

Dépôt légal: 1er trimestre 1994
Bibliothèque nationale du Québec

ISBN 2-7619-1162-8

DISTRIBUTEURS EXCLUSIFS:

- Pour le Canada et les États-Unis:
  LES MESSAGERIES ADP*
  955, rue Amherst, Montréal H2L 3K4
  Tél.: (514) 523-1182
  Télécopieur: (514) 939-0406
  * Filiale de Sogides ltée

- Pour la Belgique et le Luxembourg:
  PRESSES DE BELGIQUE S.A.
  Boulevard de l'Europe 117
  B-1301 Wavre
  Tél.: (10) 41-59-66
  (10) 41-78-50
  Télécopieur: (10) 41-20-24

- Pour la Suisse:
  TRANSAT S.A.
  Route des Jeunes, 4 Ter
  C.P. 125
  1211 Genève 26
  Tél.: (41-22) 342-77-40
  Télécopieur: (41-22) 343-46-46

- Pour la France et les autres pays:
  INTER FORUM
  Immeuble ORSUD, 3-5, avenue Galliéni, 94251 Gentilly Cédex
  Tél.: (1) 47.40.66.07
  Télécopieur: (1) 47.40.63.66
  Commandes: Tél.: (16) 38.32.71.00
  Télécopieur: (16) 38.32.71.28
  Télex: 780372

LA CUISINE DES CHAMPS

ANNE
GARDON

Ce livre est dédié à Michel, Daniel, Louise, Paule et
les autres, à tous ceux et celles qui ont bien voulu prêter
leurs papilles gustatives à mes expérimentations culinaires.
Merci de tout cœur!

AVANT-PROPOS

Les autochtones les employaient abondamment dans leur diète et leur pharmacopée. Nos ancêtres ont appris à les identifier et à les inclure dans leur cuisine. Mais aujourd'hui, combien d'entre nous connaissent les plantes sauvages comestibles et combien seraient capables de survivre en forêt s'ils se perdaient sans vivres?

Pourtant, la nature nous offre tout au long de l'année une abondante moisson de plantes sauvages comestibles, nutritives et délicieuses. Les pousses d'asclépiade rivalisent de saveur avec les asperges. La marguerite compose de savoureuses salades au goût d'anis. Le pollen de quenouille colore d'or les gâteaux et leur confère un goût sans pareil. Il suffit de tendre la main pour découvrir toute une gamme de saveurs nouvelles.

Récolter des plantes sauvages comestibles est une agréable façon de varier le menu en camping, au chalet ou à la maison. Mais c'est plus que se régaler à peu de frais, c'est aussi faire un pas dans un monde plein de délices et de merveilles, rempli de chants d'oiseaux et peuplé de papillons, un monde qui nous attend aux portes de nos villes.

INTRODUCTION

Cela fait dix ans que j'agrémente mon menu avec des plantes sauvages. Et je n'en suis pas morte! Voilà qui rassurera les anxieux.

Tout a commencé lorsque j'ai été prise de passion pour la longue randonnée pédestre. Nous partions, mon copain et moi, pendant plusieurs jours dans le bois, le sac au dos et, généralement, l'estomac dans les talons.

Comme j'insistais pour apporter des jumelles, des appareils photo et des livres sur les oiseaux, je devais forcément réduire l'espace pour les rations alimentaires. Afin d'améliorer notre maigre ordinaire, je dus donc recourir au supermarché de la nature.

Aujourd'hui je ne fais plus beaucoup de longue randonnée. J'ai un grand jardin et un potager qui accaparent mes loisirs. Mais je n'ai pas abandonné la cueillette des plantes sauvages. J'ai, en fait, étendu mon «épicerie», car il y a beaucoup plus de plantes sauvages comestibles dans les champs et près des habitations que dans les forêts et sur le sommet des montagnes.

Et je suis heureuse de pouvoir enfin employer les plantes sauvages dans des mets un peu plus raffinés que ne me permettait un feu de camp et de leur rendre ainsi l'hommage qu'elles méritent.

Cuisiner avec des plantes sauvages est un plaisir du début à la fin, malgré quelques tâches rebutantes au milieu.

Il y a d'abord la joie de se promener dans les champs ou dans les bois à la recherche de trésors, une merveilleuse activité à partager avec les enfants.

Puis, il y a la corvée de nettoyage, parfois laborieuse dans le cas de pissenlits crottés de terre. Il faut laver et rincer plusieurs fois pour ne pas avoir cette désagréable sensation de craquement dans la bouche. Mais c'est bien peu de trouble quand on connaît le plaisir de mordre à belles dents dans une salade de pissenlit, débordante de vitamines et de sels minéraux.

Car les plantes sauvages peuvent non seulement être délicieuses, elles contiennent en outre des éléments nutritifs importants et constituent un apport bénéfique à tout régime alimentaire.

S'il existe des dizaines de plantes sauvages comestibles, toutes n'ont pas nécessairement un intérêt culinaire. Certaines peuvent être amères, demander une longue préparation, donner un rendement médiocre ou être peu appétissantes.

J'ai choisi les plantes que j'aime, qui sont des plantes au goût fin, faciles à identifier et à récolter, dont on peut ramasser une bonne quantité dans un temps relativement court — qui veut passer la journée entière à récolter? — et enfin des plantes dont la survie n'est pas menacée par les récoltes.

La plupart des recettes sont simples, économiques et surtout faciles à réaliser. Car personne n'a envie, après une excursion dans les champs, de trimer deux heures aux fourneaux avant de se régaler. J'ai également marié les plantes sauvages avec les produits frais de saison pour capturer l'essence du moment.

Je ne crois pas que je pourrais survivre uniquement avec ce que m'offre la nature. L'idée de gruger de l'écorce de bouleau ou de mâchonner des bourgeons d'épinette en hiver ne m'excite pas. Mais je n'ai jamais autant de plaisir que lorsque je pars dans les champs, panier sous le bras, couteau dans la poche et Matisse, mon chien, sur les talons, à la recherche de trésors gastronomiques.

LA CUEILLETTE

Je n'insisterai jamais assez sur la nécessité de savoir identifier avec justesse les plantes que l'on récolte. Avant de vous lancer dans des prouesses culinaires, apprenez à reconnaître chaque espèce, en particulier quand il s'agit des champignons.

Vous trouverez à la page 171 une liste des livres de référence que je considère indispensables pour apprendre à identifier les plantes sauvages comestibles.

Le bon sens vous dictera bien entendu de ne pas cueillir des plantes dans les endroits pollués, les parcs industriels, le long des routes et des voies ferrées ou tout autre endroit suspect. Si vous faites votre cueillette sur un terrain privé, demandez la permission au propriétaire. C'est rare qu'on vous la refusera.

Limitez votre cueillette à la quantité que vous pouvez consommer le jour même ou le plus rapidement possible. Laissez toujours quelques plants pour assurer la survie de l'espèce et prenez soin de ne pas endommager l'environnement.

La récolte des herbes se fait tôt le matin quand la rosée a disparu ou le soir. Les feuilles sont récoltées avant la floraison quand elles sont les plus actives, sauf dans le cas des feuilles de mûres qui sont récoltées en automne quand elles sont rouges. Les fleurs sont cueillies au début de la floraison.

La cueillette des champignons commence souvent dès le mois de mai avec les morilles, s'interrompt quelques semaines en juin et juillet pour se poursuivre jusqu'aux premières gelées, les différentes espèces se succédant tout au long de la belle saison.

Il est toujours préférable de séparer les espèces lors de la cueillette, car certains champignons sont propres alors que d'autres sont recouverts de débris, de terre, d'aiguilles de pin… Le nettoyage et le triage en seront grandement facilités.

Avec un couteau tranchant, couper le pied du champignon au-dessus du sol. Nettoyer sommairement sur place et déposer le champignon dans un panier ou un sac de papier, jamais dans un sac de plastique.

À la maison, nettoyer les champignons à sec avec un petit couteau pointu, une brosse à champignons et des serviettes en papier. Éviter de les mouiller. Seules les russules supportent d'être lavées à l'eau.

LA CONSERVATION

Il est toujours préférable de déguster les plantes sauvages rapidement après la cueillette pour préserver toute leur finesse. Cela ne veut pas dire que l'on ne peut pas conserver une partie de la récolte pour plus tard.

Il existe plusieurs méthodes de conservation. Le séchage convient aux thés et à certains champignons. La congélation réussit bien au chou gras, à la farine de quenouille, aux têtes de violon, aux boutons d'asclépiade et à de nombreux champignons. Et puis il y a les confitures et les gelées de fruits pour prolonger la belle saison.

Le séchage

Les branches et les feuilles — ortie, thé des bois, achillée, thé du Labrador, menthe… — sont séchées dans des sacs en papier à l'abri de la lumière. Lorsque les branches sont sèches, les dépouiller des feuilles (dans le cas de l'ortie, porter des gants de caoutchouc). Conserver les herbes dans des bocaux de verre, toujours à l'abri de la lumière.

Les champignons sont séchés sur un grillage, dans un endroit aéré et sombre. Les chapeaux des bolets sont coupés en tranches, les marasmes sont séchés entiers et les clavaires sont séparées en petits bouquets. Une fois secs, garder les champignons dans des bocaux de verre, à l'abri de la lumière. Le séchage ne convient pas aux chanterelles qui acquièrent un goût amer.

La congélation

Pour congeler les herbes comme la menthe, hacher les feuilles, remplir les alvéoles d'un moule à glaçons, recouvrir d'eau et congeler. Démouler et garder dans un sac. Pour faire du thé à la menthe, mettre un glaçon dans une théière et verser de l'eau bouillante dessus.

Les champignons — chanterelles, bolets, pieds-de-mouton — sont congelés entiers. Placer les champignons à plat sur une tôle à biscuits, congeler puis mettre dans des sacs de plastique scellés hermétiquement. Il est préférable de retirer les tubes (la couche inférieure du chapeau) des gros bolets avant de les congeler.

Le chou gras doit être étuvé, et il faut blanchir rapidement dans deux eaux les têtes de violon et les boutons d'asclépiade avant congélation. Les pousses de quenouille peuvent être congelées crues ou blanchies.

Les petits fruits — framboises, mûres, bleuets — sont congelés entiers de deux façons.

Nature: Étaler les fruits sur une tôle à biscuits, congeler puis mettre dans des sacs de plastique. Aspirer l'air des sacs avec une paille, sceller et garder au congélateur, au maximum 6 mois.

Avec du sucre: Dans des contenants de plastique, alterner des couches de fruits et de sucre. Sceller et garder au congélateur, au maximum 6 mois.

Jus et sirops

Les jus de fruits concentrés sont utilisés pour faire des gelées, des coulis ou comme boisson, dilués dans de l'eau.

Jus concentrés: Pour conserver au jus la saveur des fruits frais, utiliser une marmite à pression (Presto). Mettre les fruits dans la marmite avec de l'eau (la quantité d'eau dépendra des fruits. Ajouter 1/3 d'eau aux fruits juteux, recouvrir d'eau les fruits fermes). Faire monter la pression puis retirer la marmite immédiatement du feu et faire tomber la pression sous l'eau froide.

Dans une marmite ordinaire, faire bouillir les fruits et l'eau pendant 5 minutes dans le cas des fruits juteux, 15 à 20 minutes dans le cas de pommes et autres fruits fermes.

Égoutter la pulpe de fruits toute une nuit dans un sac à gelée ou un tamis. Conserver la pulpe des pommes pour faire du beurre de pomme (page 151) ou de la compote.

Sirops: Faire chauffer le concentré de fruits et faire fondre petit à petit du sucre jusqu'à ce que le mélange soit assez sucré. Faire bouillir 1 minute et verser dans des bouteilles ou des bocaux stérilisés. Conserver au réfrigérateur. Utiliser comme boisson (dilué dans de l'eau), pour napper de la crème glacée ou comme coulis.

LE JARDINAGE

Même si on aime les fleurs, elles fanent. Même si on déteste les mauvaises herbes, elles poussent.

PROVERBE ZEN

J'ai la chance d'avoir une maison entourée de champs et de terrains boisés. C'est là que je vais faire mon «marché». Mais j'ai aussi transplanté maintes plantes sauvages comestibles dans mon jardin et j'encourage plusieurs «mauvaises» herbes.

En fait, quand on me parle de mauvaise herbe, une image cocasse me vient toujours à l'esprit, celle d'un pissenlit jaune de fureur se penchant au-dessus d'un fraisier pour l'engueuler vertement.

Si certaines plantes, comme le chiendent, sont franchement indésirables, d'autres méritent d'être cultivées pour leurs qualités culinaires autant qu'ornementales. Car les fleurs sauvages savent se faire aussi chatoyantes, aussi élégantes que leurs consœurs cultivées. Les amateurs de jardinage s'intéressent d'ailleurs de plus en plus à ces belles sauvageonnes, et on assiste depuis quelques années à l'émergence d'un nouveau courant horticole qui met l'accent sur le jardin naturel.

Les plantes sauvages tiennent une place de choix dans mon jardin. De grands massifs d'achillées et de marguerites bordent le potager et y attirent de nombreux insectes bénéfiques. Des violettes tapissent le sous-bois de leurs petites feuilles en cœur. La menthe se mêle aux quenouilles qui bordent le ruisseau et l'orpin pourpre tient compagnie à de magnifiques hémérocalles, ramassées elles aussi au bord d'une route de campagne.

Robustes, résistantes aux maladies et parfaitement adaptées à notre climat, les plantes sauvages comestibles sont pour la plupart faciles de culture et d'entretien. Elles prospèrent si on leur offre les conditions se rapprochant le plus de leur environnement naturel.

Certaines nécessitent un sol acide. D'autres affectionnent la mi-ombre. D'autres encore exigent un milieu humide ou ne poussent qu'à une certaine altitude. Les lois qui régissent la culture des plantes ne sont cependant pas rigides.

Depuis deux ans, je cultive du persil de mer (livèche écossaise) récolté à Pointe-des-Monts, au nord de Baie-Comeau. J'avais mes doutes quant à sa survie, puisque je l'enlevais d'un milieu salin pour le transplanter dans une zone écologique totalement différente. Au lieu d'avoir le mal du pays, mon persil de mer s'est au contraire bien adapté à son nouvel environ-

nement. Et dès l'année suivante, je pouvais récolter des feuilles pour assaisonner mes soupes et mes sauces.

Donc, si on doit dans la mesure du possible respecter les conditions de culture de la plante, rien ne vaut l'expérimentation.

Achillée millefeuille

Cette belle vivace aux fleurs blanches ou roses (il en existe des variétés cultivées aux fleurs pourpres) se transplante aisément au printemps ou se propage par graines à l'automne. Laisser beaucoup d'espace entre les plants, car ils se développent rapidement par ramification. On trouve l'achillée partout au Québec, dans les champs et les lieux secs.

Groseillier, gadellier

Il existe environ 120 espèces de ces arbustes à fruits. On les retrouve à l'orée des bois, dans les clairières et les broussailles. Quelques variétés cultivées — cassis et groseillier à maquereaux — échappées des jardins, se sont naturalisées. Transplanter les jeunes arbustes tôt au printemps, en conservant une bonne motte de terre pour ne pas endommager les racines. Choisir un lieu mi-ombragé et bien amender la terre, car les gadelliers aiment les sols meubles et humides. Les plants sauvages sont parfois porteurs d'une maladie — la rouille vésiculeuse — qui attaque les pins blancs. Choisir des plants sains.

Marguerite

Cette grande vivace à la floraison abondante se transplante aisément dans le jardin ou se propage à partir de graines. Mais attention! la marguerite est très envahissante. Les millions de graines produites par un seul plant peuvent infester les plates-bandes en une saison. Choisir un coin retiré du jardin ou couper les fleurs lorsqu'elles commencent à flétrir.

Menthe

Cette plante rampante se transplante aisément dans le jardin à partir de stolons (tiges souterraines). Choisir un endroit mi-ombragé et humide. Arroser régulièrement au début et recouvrir le sol de paillis. La menthe étant terriblement envahissante, choisir un coin éloigné d'autres cultures ou cultiver la menthe en contenant.

Pour une provision de feuilles fraîches toute l'année, planter quelques tiges dans un pot à conserver à l'intérieur.

Orpin pourpre

Cette vivace de la famille des crassulacées (plantes grasses) est étonnamment robuste. On l'appelle d'ailleurs Vit-toujours, car une tige desséchée peut reprendre vie si elle est plantée dans la terre. On trouve l'orpin pourpre le long des chemins mais aussi à l'orée des bois, autant dans les lieux humides que dans les terrains secs. Procéder par marcottage. Couper quelques tiges et les planter directement dans le sol, à 15 cm (6 po) d'intervalle. Arroser abondamment, couvrir la terre d'un paillis et garder la terre humide jusqu'à ce que les boutures aient bien pris. On peut également recourir à la transplantation. Déterrer la plante en conservant une bonne motte de terre. Planter au soleil ou à la mi-ombre dans une bonne terre de jardin. Arroser abondamment.

Ortie

Cette grande herbe riche en sels minéraux fait un excellent engrais liquide. Récolter de jeunes plants en fleurs, macérer dans de l'eau pendant 1 semaine. Arroser et vaporiser les plantes ornementales et potagères avec le liquide dilué dix fois. Utiliser immédiatement cet engrais azoté, car il ne se conserve pas. L'ortie est également un activateur de compost. En jeter régulièrement quelques poignées sur la pile de compost.

Pour ramasser les orties, porter des gants de caoutchouc et des manches longues, car les branches sont recouvertes de petits aiguillons qui provoquent des démangeaisons.

Petite oseille

Une fois installée, cette petite vivace fournira de délicieuses feuilles pendant plusieurs années. Récolter les graines à l'automne et semer immédiatement dans un coin du jardin, ou semer tôt au printemps.

Pissenlit

Le pissenlit et la chicorée peuvent être forcés comme les endives pour fournir en hiver de délicieuses salades tendres et croustillantes. À l'automne, déterrer les racines de pissenlit et (ou) de chicorée. Les planter dans un contenant profond rempli de terre de jardin ou de sable. Couvrir d'un plastique noir et garder dans un endroit frais à l'abri de la lumière. Au fur et à mesure des besoins, découvrir petit à petit le contenant. Récolter les jeunes pousses blanches.

Raisin sauvage

Les graines contenues dans le raisin germent rapidement, mais les jeunes plants mettent plusieurs années avant de produire des fruits. Aussi est-il préférable de procéder par bouturage ou marcottage.

Bouturage: À l'automne, choisir une branche saine, la couper en plusieurs sarments (chacun avec au moins 4 nœuds). Les enfoncer dans un mélange léger et humide (1/3 de terreau, 1/3 de sable ou de vermiculite, 1/3 de mousse de sphaigne). Couvrir d'un sac de plastique et garder au frais. Vérifier régulièrement que le mélange reste humide. Au printemps, amener graduellement le pot à la température de la maison. Au bout de quelques semaines, des bourgeons devraient apparaître. Planter quand le sol est bien réchauffé.

Marcottage: La tige souple de la vigne prend racine si elle touche le sol. On peut enfouir une branche dans une tranchée, la recouvrir de terre et l'année suivante la déterrer, ou on peut choisir une branche qui a marcotté naturellement.

Planter la vigne dans un endroit ensoleillé et si possible à l'abri du vent. La première année, tailler la vigne sévèrement. Les années suivantes, éliminer le bois mort ou inutile. On consomme les jeunes feuilles bouillies ou farcies à la grecque.

Ronce (mûres)

À l'automne, les tiges nouvelles se recourbent naturellement vers le sol et s'enracinent si elles touchent la terre. Au printemps, couper la tige mère et déterrer délicatement le nouveau plant, en conservant une bonne motte de terre.

Les mûres nécessitent un sol bien amendé, léger qui retient l'humidité. Ajouter si nécessaire de la mousse de tourbe et du compost à la terre de jardin.

Violette

Cette jolie plante de sous-bois se transplante aisément tôt au printemps. Conserver une bonne motte de terre autour des racines. Planter dans un lieu humide et mi-ombragé. Arroser généreusement. Les violettes se propagent aussi par semence. Les fruits — des capsules de 10 à 15 mm (1/2 à 3/4 po) de long — contiennent de nombreuses graines qui germent facilement. Récolter les capsules à maturité (juillet) et semer immédiatement dans un coin mi-ombragé. Garder la terre humide.

CALENDRIER DES RÉCOLTES

Par ordre de cueillette

	Avril	Mai	Juin	Juillet	Août	Septembre	Octobre	Novembre
Pissenlit	━							
Violette	━	━						
Têtes de violon	━	━						
Bourgeons d'épinette		━						
Quenouille - pousses		━						
Marguerite - feuilles		━	━					
Thé des bois		━	━					
Orpin pourpre		━	━	━				
Petite oseille		━	━	━	━	━	━	
Asclépiade - pousses		━	━					
Champignons			━	━	━	━	━	
Chou gras			━	━				
Mouron des oiseaux			━	━	━	━	━	
Asclépiade - boutons			━					
Quenouille - épi mâle			━					
Quenouille - pollen				━				
Menthe				━	━			
Framboises				━		- -		
Mûres				━	━			
Quatre-temps				━	━	━		
Bleuets				━	━			
Raisin sauvage						━	━	
Pimbina						━	━	━

- - - : 2e récolte possible

1
2
3
4

LES PLANTES SAUVAGES

Salade de soleil
Têtes de violon maritime
Têtes de violon Sarah Chang
Têtes de violon sous-bois
Mesclun
Salade de pissenlit aux foies de volaille
Salade de pissenlit au bacon
Salade printanière
Taboulé aux marguerites
Boutons d'asclépiade en vinaigrette
Gratin d'asclépiade
Feuilletés au chou gras
Lasagne au chou gras
Flan de chou gras
Quiche au chou gras
Raviolis aux deux fromages
Potage de quenouille au cari
Pousses de quenouille, sauce gribiche
Roulades de jambon aux pousses de quenouille
Soufflé à la fleur de quenouille
Crème d'oseille
Mousse de saumon à la petite oseille
Velouté d'oseille
Croquettes d'agneau à la menthe
Trempette aux pois
Sauce au yogourt
Potée de saumon
Roulés à l'agneau et à la menthe

5
6
7
8

Têtes de violon *(photo 1)*

Ce qu'on appelle communément les têtes de violon sont les jeunes pousses de la fougère de l'autruche. Elles apparaissent dans les sous-bois et les lieux humides au début du mois de mai, enveloppées d'écailles brunes.

Les têtes de violon se récoltent quand elles ont quelques centimètres de hauteur. Il est important de laisser quatre à cinq crosses sur chaque couronne afin d'assurer la survie de la plante.

Pour nettoyer les têtes de violon, les placer dans un tablier attaché à la taille et secouer vigoureusement à l'extérieur. Une grande partie des écailles partira au vent. Si vous êtes deux personnes, vous pouvez mettre les fougères dans une grande serviette et secouer. Les écailles qui restent seront éliminées à l'eau courante.

Les têtes de violon doivent être bouillies dans deux eaux pour enlever le principe amer. Plonger les têtes dans l'eau bouillante, faire bouillir pendant 1 minute. Jeter l'eau, rincer à l'eau froide et recommencer l'opération.

Si les crosses sont utilisées dans une salade, les cuire 5 minutes la deuxième fois. Si elles subissent une cuisson durant la préparation de la recette, faire bouillir 1 minute seulement la deuxième fois.

Pissenlit

Les feuilles des arbres ne sont pas encore accrochées aux branches que, déjà, le pissenlit montre le bout de son nez. Il est le premier à nous apporter un peu de verdure dans notre assiette. Mais attention! il faut le ramasser vite. Qu'arrive un coup de chaleur et le voilà qui pointe sa tête jaune vers le ciel, prêt à envahir de ses graines les moindres recoins de la pelouse. Et à ce stade, ses feuilles deviennent trop amères pour être consommées.

La façon la plus simple et de loin la meilleure de déguster les pissenlits, c'est avec une bonne lampée d'huile d'olive extravierge, un filet de citron, du sel et du poivre.

Les racines du pissenlit et de sa cousine la chicorée peuvent être forcées pour produire des feuilles blanches et savoureuses en plein hiver. La méthode est décrite au chapitre «Le jardinage».

Marguerite *(photo 2)*

«Il m'aime un peu, beaucoup, passionnément...» Nous avons tous joué à effeuiller la marguerite sans savoir que cette reine était aussi savoureuse que jolie. Ses jeunes feuilles ont un goût subtil d'anis et sont particulièrement tendres au printemps, bien qu'on puisse les récolter tout au long de la belle saison.

Les marguerites font partie de la famille des chrysanthèmes. On les retrouve dans les champs et les lieux secs, partout au Québec sauf dans les régions les plus au nord. Les jeunes fleurs font une tisane au goût fin (voir le chapitre «Les thés et tisanes», p. 141).

Violette *(photo 3)*

Dans le langage des fleurs, la violette signifie modestie et fidélité. Et elle est fidèle, en effet. Plantez une violette sauvage dans votre jardin et cette discrète vivace reviendra, année après année, égayer votre plate-bande.

La violette est facile à identifier avec ses feuilles en forme de cœur et ses délicates fleurs qui apparaissent au printemps dans les sous-bois et les champs.

Les fleurs comme les feuilles des violettes sont comestibles. Elles contiennent des vitamines A et C. Les cueillir quand elles sont jeunes et tendres.

Mouron des oiseaux *(photo 4)*

Son véritable nom est la stellaire moyenne, mais on l'appelle aussi cresson. Le mouron occupe tout l'hémisphère boréal, du bord de mer au sommet des plus hautes montagnes. On le retrouve aux abords des maisons, dans les champs, dans le potager (où il est considéré comme une mauvaise herbe), de la fonte des neiges aux premières gelées d'automne.

Le mouron des oiseaux peut se manger cuit, mais il est meilleur cru en salade.

Orpin pourpre

Cette plante cultivée s'est échappée des jardins et a envahi le bord des chemins et les habitats sauvages. Ses feuilles charnues et croustillantes sont riches en vitamine C. Au printemps, ramasser les pousses. En été, utiliser seulement les feuilles car la tige devient dure et amère.

L'orpin pourpre peut aisément être transplanté dans le jardin. Voir à cet effet le chapitre «Le jardinage».

Asclépiade *(photo 5)*

Cette grande plante vivace pousse en abondance dans les champs en friche. Elle s'orne au mois de juillet de jolies fleurs roses regroupées en ombelles. Ses fruits, que certains appellent des petits cochons — bien que je trouve qu'ils ressemblent à des perruches vertes — contiennent des graines surmontées d'une longue soie blanche qui les entraîne au vent quand l'enveloppe épaisse du fruit s'ouvre.

L'asclépiade commune est très prisée des papillons. Les larves, les nymphes et les adultes se nourrissent tour à tour des racines, des feuilles et du nectar. Il n'est pas rare de voir des cocons de monarques suspendus aux branches des asclépiades.

Comme la quenouille, l'asclépiade est une plante que l'on déguste à plusieurs stades. On mange les jeunes pousses au printemps, les boutons floraux au mois de juin et les jeunes fruits en juillet et en août. Les pousses ont une saveur très proche de l'asperge. Les boutons rappellent le brocoli.

L'asclépiade est très riche en vitamine C — plus que le pissenlit — mais une grande partie est perdue à la cuisson. La plante doit en effet être bouillie dans deux eaux pour en extraire le goût amer.

Plonger les asclépiades dans l'eau bouillante. Faire bouillir 1 minute. Jeter l'eau. Rincer à l'eau froide et répéter l'opération.

Chou gras *(photo 6)*

Le chou gras est une plante annuelle qui fait partie de la famille des épinards et des betteraves.

Cette mauvaise herbe envahissante mais heureusement facile à arracher a abouti pendant longtemps sur mon tas de compost, jusqu'à ce que je découvre dans le chou gras un substitut fort appréciable aux épinards et une excellente source de vitamine C et de fer.

Depuis, le chou gras pousse librement dans certaines parties de mon jardin et j'en ramasse également dans les champs voisins, car il se congèle bien. La récolte s'étale du printemps jusqu'au milieu de l'été et même plus tard.

Le chou gras peut se manger cru mais je le préfère légèrement étuvé. Rincer le chou gras, mettre les feuilles encore imprégnées d'eau dans une poêle à surface antiadhésive. Faire cuire à feu moyen jusqu'à ce que les feuilles ramollissent (quelques minutes). Égoutter et extraire le liquide lorsque refroidi.

Les feuilles de chou gras sont souvent recouvertes d'une poudre blanche et farineuse. C'est normal et il n'y a pas lieu de s'en inquiéter.

La plupart des recettes contenant des épinards — à la florentine — peuvent être utilisées pour le chou gras. Inversement, les épinards peuvent remplacer le chou gras dans les recettes présentées dans ce livre.

Quenouille *(photo 7)*

La quenouille est une des plantes les plus importantes de notre environnement. En occupant les rivages vaseux des lacs et des rivières, elle prévient l'érosion. Elle contribue en outre à l'assainissement des eaux et sert d'abri et de lieu de nidification à une multitude d'oiseaux des marais. Ses graines et ses rhizomes nourrissent les oiseaux et les rats musqués.

De toutes les plantes sauvages comestibles, la quenouille est la plus précieuse, une véritable plante «supermarché». Au printemps, on déguste les pousses au cœur blanc, qui ne sont pas sans rappeler le blanc de poireau. Au mois de juin, apparaissent les épis mâles qui se consomment comme du maïs en épi, bouillis quelques minutes et servis avec du beurre et du sel.

Les épis mâles sont les longs fuseaux qui surmontent la quenouille (épi femelle). Ils sont d'abord enveloppés d'une membrane verte, et c'est à ce stade qu'il faut les cueillir pour les déguster frais (casser la tige entre les deux épis).

L'épi mâle mûrit rapidement. Il devient mou et se couvre de pollen qui se répand sur l'épi femelle pour le polliniser. Ce pollen, d'un beau jaune doré, et les étamines font une farine au goût subtil.

La récolte de la farine de quenouille se fait pendant une période très courte, tout au plus deux semaines, au début de l'été. Surveiller attentivement le mûrissement des épis mâles et les récolter avant qu'ils ne deviennent bruns.

Pencher la tête de la quenouille dans un grand sac de papier et avec les doigts, tirer sur l'épi mâle. Les étamines se détacheront aisément. Il est possible de remplir un sac en moins d'une heure. La farine ainsi obtenue se conserve longtemps au congélateur.

Petite oseille *(photo 8)*

Cette plante minuscule, dont la forme des feuilles rappelle la fleur de lys, a des propriétés digestives et diurétiques.

Je laisse la petite oseille vagabonder dans ma pelouse et au pied de mes framboisiers pour être assurée d'avoir toujours sous la main cette plante au goût rafraîchissant. Quelques feuilles à peine suffisent pour rehausser la saveur d'une salade verte.

La haute teneur en oxalates de la petite oseille peut causer des déficiences en calcium ainsi que des affections rénales si la plante est consommée en excès. Mais ne paniquons pas! On retrouve également des oxalates dans les betteraves, les épinards et d'autres légumes courants.

La petite oseille pousse de juin à septembre dans les champs, les jardins et le bord des routes, partout en Amérique du Nord, sauf à l'extrême nord.

Menthe sauvage

Le nom des plantes a souvent une origine dans la mythologie. Ainsi, la menthe tient son nom de la nymphe Minthe qui, ayant été surprise par Proserpine dans les bras de Pluton, fut transformée en plante par l'épouse courroucée du dieu de la mort.

Au Québec, on trouve trois espèces de menthe: la menthe à épis (Spearmint), la menthe poivrée (Peppermint) et la menthe du Canada.

La menthe pousse en colonies dans les lieux humides et le long des berges des lacs et des rivières. J'ai découvert une fabuleuse talle en cueillant des quenouilles dans un fossé.

Antiseptique, analgésique, la menthe facilite la digestion et le travail du foie. Elle fait une excellente tisane et des bains rafraîchissants qui atténuent les brûlures d'un coup de soleil.

Salade de soleil

Une entrée qui égaiera tout le repas.

Pour 4 personnes

1 l (4 tasses) de têtes de violon
4 oranges
4 endives
huile d'olive
sel, poivre

Faire cuire les têtes de violon dans deux eaux et laisser refroidir.

Peler les oranges à vif (en enlevant toutes les parties blanches). Les couper en tranches épaisses puis en quartiers. Couper les endives en rondelles. Mélanger tous les ingrédients.

Assaisonner avec un filet d'huile d'olive, du sel et du poivre. Servir frais.

Les têtes de violon sont parmi les rares plantes sauvages que l'on peut trouver dans le commerce. Il est possible de les acheter fraîches au printemps dans certaines épiceries fines et dans les marchés, et congelées en tout temps dans les supermarchés.

Têtes de violon
Sarah Chang

Têtes de violon
maritime

Têtes de violon maritime

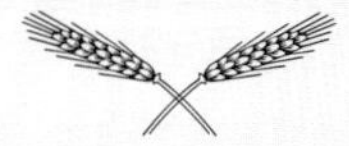

Ce plat coloré s'inspire de la cuisine californienne, elle-même issue des cuisines française, italienne et asiatique.

Pour 4 personnes

1 l (4 tasses) de têtes de violon
1 poivron rouge
1 poivron jaune
1 gros oignon rouge
16 grosses crevettes*
1 paquet de nouilles cheveux d'ange

Vinaigrette

125 ml (1/2 tasse) d'huile d'olive
125 ml (1/2 tasse) de vinaigre balsamique
sel, poivre

Photo:
Osmonde cannelle

* Des cubes de poulet ou de porc peuvent remplacer les crevettes, et le brocoli peut remplacer les têtes de violon.

Couper les poivrons et la moitié de l'oignon en gros quartiers. Hacher finement le reste de l'oignon et mélanger avec les ingrédients de la vinaigrette.

Faire mariner 1 heure les morceaux de poivron et d'oignon dans la vinaigrette. Pendant ce temps, cuire les têtes de violon dans deux eaux. Réserver.

Nettoyer et déveiner les crevettes. Les faire revenir à feu vif dans un peu d'huile jusqu'à ce qu'elles rosissent (2 minutes). Retirer de la poêle et garder au chaud.

Égoutter les légumes et les faire sauter à feu vif dans un peu d'huile pendant 2 minutes. Ajouter les têtes de violon puis les crevettes et mijoter quelques minutes à couvert.

En même temps, faire réduire la vinaigrette de moitié à feu vif et cuire les nouilles.

Arranger les légumes et les crevettes sur un lit de cheveux d'ange. Verser la vinaigrette dessus et servir aussitôt.

Têtes de violon Sarah Chang

Le nom de cette recette aux accents asiatiques m'a été inspiré par la jeune violoniste prodige Sarah Chang.

POUR 4 PERSONNES (en entrée)

1 l (4 tasses) de têtes de violon

Vinaigrette

60 ml (4 c. à table) de graines de sésame rôties
60 ml (4 c. à table) de sauce soja
30 ml (2 c. à table) d'eau
15 ml (1 c. à table) d'huile de sésame
15 ml (1 c. à table) d'huile végétale
15 ml (1 c. à table) de jus de citron
5 ml (1 c. à thé) de jus de gingembre frais
5 ml (1 c. à thé) de sucre

Nettoyer et cuire les têtes de violon dans deux eaux.

Écraser les graines de sésame dans un mortier puis mélanger tous les ingrédients de la vinaigrette.

Verser sur les têtes de violon et servir tiède ou froid.

En cueillant les têtes de violon, il est important de ne pas récolter par erreur l'osmonde cannelle, dont la consommation peut causer des troubles digestifs. L'osmonde cannelle est cependant facile à identifier avec ses crosses couvertes de poils blancs ou brun pâle. *(Voir photo page 34.)*

Têtes de violon sous-bois

Ce plat d'accompagnement fait également un repas léger et délicieux.

POUR 4 PERSONNES

1 l (4 tasses) de têtes de violon
500 ml (2 tasses) de champignons de couche*
125 ml (1/2 tasse) de pignons
1 gros oignon
45 ml (3 c. à table) de beurre
thym, marjolaine
sel, poivre
riz sauvage cuit

* En saison, remplacer les champignons de couche par des champignons sauvages: agarics, chanterelles, coprins, russules…

Cuire les têtes de violon dans deux eaux. Trancher l'oignon et couper les champignons en gros quartiers.

Faire revenir l'oignon dans le beurre pendant 2 minutes. Ajouter les champignons et continuer la cuisson pendant 2 minutes à feu moyen.

Ajouter les têtes de violon, les pignons et les fines herbes. Saler, poivrer. Couvrir et mijoter 5 minutes.

Servir sur un lit de riz sauvage.

Les Acadiens utilisaient les têtes de violon dans le traitement de l'hypertension.

Mesclun

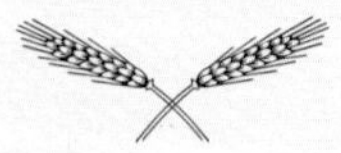

Cette salade rafraîchissante accompagne à merveille le chèvre mariné (page 91).

POUR 4 PERSONNES

500 ml (2 tasses) de mouron des oiseaux
250 ml (1 tasse) d'orpin pourpre
250 ml (1 tasse) de persil
250 ml (1 tasse) de cresson
250 ml (1 tasse) de cerfeuil (facultatif)

Vinaigrette

50 ml (1/4 tasse) d'huile d'olive vierge
30 ml (2 c. à table) de jus de citron
10 ml (2 c. à thé) de moutarde forte
sel, poivre

Mélanger les salades. Arroser avec la vinaigrette.

> *Mesclun signifie mélange en niçois. Traditionnellement, il contient diverses plantes et herbes du Midi: pissenlit, roquette, chicorée, cerfeuil…*

Salade de pissenlit aux foies de volaille

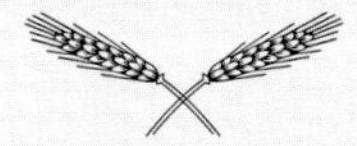

Dans cette variante de la salade frisée aux foies de volaille,
le goût piquant du pissenlit relève à merveille la douceur des foies.

Pour 2 personnes

4 poignées de feuilles de pissenlit
4 beaux foies de poulet coupés en morceaux
2 oignons émincés
60 ml (4 c. à table) d'huile végétale
30 ml (2 c. à table) de vinaigre balsamique
croûtons
sel, poivre

Nettoyer et laver les pissenlits.

Faire chauffer l'huile et y faire revenir les oignons pendant 2 minutes.

Ajouter les foies de poulet. Saler, poivrer et faire raidir les foies pendant quelques minutes à feu vif. Ils doivent rester roses à l'intérieur.

Disposer les foies sur les feuilles de pissenlit. Parsemer de croûtons.

Déglacer la poêle avec le vinaigre balsamique. Verser la sauce sur les foies et servir tiède.

Le pissenlit a des propriétés digestives et toniques. Il purifie le sang et vient donc à point au printemps pour nettoyer le système.

Salade de pissenlit au bacon

Une salade avec du caractère qui fait un repas du midi rapide et tonifiant.

POUR 2 PERSONNES

1 l (4 tasses) de feuilles de pissenlit
4 tranches de bacon
2 œufs
croûtons

Vinaigrette

50 ml (1/4 tasse) d'huile d'olive
30 ml (2 c. à table) de vinaigre balsamique
5 ml (1 c. à thé) de moutarde forte
sel, poivre

Nettoyer les pissenlits. Faire cuire les tranches de bacon jusqu'à ce qu'elles soient croustillantes. Transférer sur des serviettes en papier pour absorber le gras.

Pocher les œufs pendant 3 minutes. Égoutter.

Délayer la moutarde dans le vinaigre, ajouter l'huile, saler, poivrer.

Dresser les feuilles de pissenlit sur les assiettes. Saupoudrer de croûtons et de bacon émietté. Assaisonner de vinaigrette et poser l'œuf poché dessus.

Œuf poché: *Faire bouillir 500 ml (2 tasses) d'eau avec un peu de vinaigre blanc (le vinaigre empêche le blanc de s'étendre en filaments). Casser l'œuf dans une tasse. Avec une cuillère, agiter l'eau dans un mouvement circulaire. Glisser délicatement l'œuf dans le creux qui se forme au milieu. L'œuf gardera ainsi sa forme.*

Salade printanière

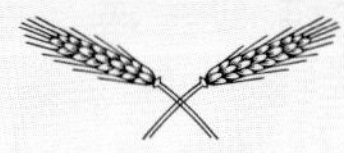

Une salade aussi belle que bonne et dont le goût fin surprendra plus d'un convive.

POUR 4 PERSONNES

500 ml (2 tasses) de pousses de marguerite
500 ml (2 tasses) de pissenlits
250 ml (1 tasse) de feuilles et de fleurs de violette
250 ml (1 tasse) de petite oseille

Vinaigrette

125 ml (1/2 tasse) d'huile d'olive vierge
45 ml (3 c. à table) de jus de citron
15 ml (1 c. à table) de moutarde forte
45 ml (3 c. à table) de câpres hachées (facultatif)
sel, poivre

Délayer la moutarde dans le jus de citron. Incorporer l'huile en battant. Ajouter les câpres, saler, poivrer.

Verser la vinaigrette sur la salade et servir.

La violette fut le symbole des bonapartistes. Sacré empereur, Napoléon lui préféra l'abeille comme emblème. Il existe 26 espèces de violettes au Québec: aux fleurs mauves, bleues, blanches ou jaunes.

Taboulé aux marguerites

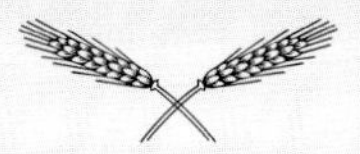

Débordante de vitamines, cette salade est un accompagnement idéal pour les roulés à l'agneau et à la menthe sauvage (page 77).

POUR 4 PERSONNES

375 ml (1 1/2 tasse) d'eau
250 ml (1 tasse) de bulghur
500 ml (2 tasses) de feuilles de marguerite hachées
250 ml (1 tasse) de persil haché
1 petit concombre
1 tomate bien mûre
huile d'olive
jus de citron
sel, poivre
quelques feuilles de menthe hachées (facultatif)

Faire bouillir l'eau avec une pincée de sel. Verser le bulghur, couvrir et baisser le feu au minimum. Laisser étuver jusqu'à ce que les grains aient absorbé toute l'eau et soient tendres, environ 10 minutes.

Rincer le bulghur à l'eau froide et bien égoutter.

Couper le concombre et la tomate en petits cubes. Mélanger avec le bulghur, les marguerites, le persil et la menthe.

Arroser généreusement d'huile d'olive et de citron. Saler, poivrer. Garder au réfrigérateur au moins 2 heures. Servir frais.

Marinés dans du vinaigre, les boutons floraux des marguerites remplacent les câpres.

Boutons d'asclépiade en vinaigrette

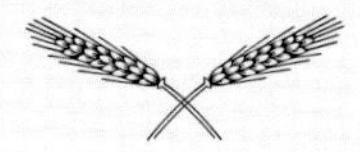

Très nourrissante, cette salade tiède peut être servie en entrée ou comme plat principal.

POUR 4 PERSONNES (en entrée)

750 ml (3 tasses) de boutons d'asclépiade*
4 à 6 pommes de terre nouvelles (selon leur grosseur)
1 oignon vert (échalote)
quelques feuilles d'estragon frais (facultatif)

Vinaigrette

30 ml (2 c. à table) de jus de citron ou de vinaigre
5 ml (1 c. à thé) de moutarde forte
50 ml (1/4 tasse) d'huile d'olive vierge
sel, poivre

Cuire les boutons d'asclépiade et les pommes de terre séparément. Couper les pommes de terre en cubes. Hacher finement l'oignon vert et l'estragon. Mélanger le tout.

Délayer la moutarde dans le jus de citron. Incorporer l'huile graduellement en battant. Saler, poivrer. Verser la vinaigrette sur la salade et servir tiède.

Le nom de l'asclépiade vient d'Esculape, célèbre médecin grec.
Autrefois, les pousses d'asclépiade étaient vendues 2 ¢ la botte dans les marchés de Montréal.

* Les boutons d'asclépiade peuvent être remplacés par du brocoli.

Gratin d'asclépiade

Ce plat facile et rapide à préparer peut être la vedette d'un repas léger comme il peut servir d'accompagnement à une viande.

POUR 2 PERSONNES

1 l (4 tasses) de boutons d'asclépiade*
60 ml (4 c. à table) de beurre
45 ml (3 c. à table) de farine
375 ml (1 1/2 tasse) de lait
250 ml (1 tasse) de fromage râpé
(cheddar ou gruyère)
sel, poivre

Faire cuire les boutons d'asclépiade rapidement dans deux eaux. Égoutter, arranger dans un plat allant au four, préalablement beurré.

Faire une béchamel avec le beurre, la farine et le lait. Saler légèrement et poivrer généreusement.

Verser la béchamel sur les boutons d'asclépiade. Saupoudrer de fromage.

Cuire au four (190 °C — 375 °F) pendant 10 minutes. Faire gratiner le fromage quelques secondes au gril avant de servir.

Des essais infructueux ont été faits pour extraire le latex contenu dans toutes les parties aériennes de l'asclépiade. On a également tenté de tisser les soies de la plante, sans plus de succès.

* Les boutons d'asclépiade peuvent être remplacés par du brocoli.

Feuilletés au chou gras

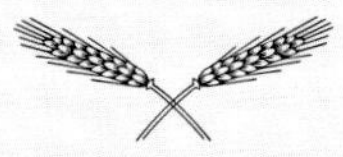

Ces feuilletés qui ressemblent à des rouleaux impériaux peuvent servir de hors-d'œuvre, d'entrée ou de repas léger. Ils se congèlent bien mais sont fragiles.

UNE DIZAINE

500 ml (2 tasses) de chou gras cuit haché*
250 ml (1 tasse) de fromage cottage ou ricotta
1 œuf
125 ml (1/2 tasse) d'estragon, de persil ou de petite oseille haché
pâte filo
beurre fondu

Mélanger tous les ingrédients de la farce. Étaler une feuille de pâte filo sur une grande surface (garder le reste sous un linge humide).

Badigeonner la moitié de la feuille avec du beurre fondu. Replier l'autre moitié sur la partie beurrée.

Placer 30 ml (2 c. à table) de mélange sur le bord étroit du rectangle, en laissant 2 cm (1 po) de chaque côté. Plier une fois la pâte sur le mélange. Replier les coins à l'intérieur et rouler pour former un cigare. Sceller le bord avec un peu d'œuf battu ou de lait.

Cuire au four (190 °C — 375 °F) pendant 25 à 30 minutes ou jusqu'à ce que les feuilletés soient dorés.

Servir avec une sauce à l'estragon (voir sauce au yogourt, page 74; remplacer la menthe par l'estragon).

* On peut remplacer le chou gras par des épinards.

Lasagne au chou gras

Avec une bonne bouteille de Chianti et une salade de pissenlit au bacon, cette lasagne vous transportera en Italie.

Pour 4 personnes

500 ml (2 tasses) de chou gras cuit
500 ml (2 tasses) d'épinards ou de rapini* cuits
500 ml (2 tasses) de fromage ricotta ou cottage
500 ml (2 tasses) de sauce tomate
250 ml (1 tasse) de cheddar râpé
1 oignon moyen
huile
sel, poivre
pâtes à lasagne cuites

Faire revenir l'oignon émincé dans un peu d'huile jusqu'à ce qu'il soit transparent.

Hacher le chou gras et les épinards. Mélanger avec l'oignon et le fromage ricotta. Assaisonner au goût.

Verser un peu de sauce tomate au fond d'un plat allant au four. Alterner les couches de pâte, de farce et de sauce tomate jusqu'à 2 cm (1 po) du bord.

Finir avec la sauce tomate. Saupoudrer de fromage râpé et faire cuire au four (190 °C — 375 °F) pendant 35 à 40 minutes.

La même farce peut être utilisée pour farcir des cannelloni.

---

* Rapini: appelé aussi brocoli italien. Cette plante riche en calcium, en fer et en vitamines s'achète dans les épiceries italiennes et orientales.

Flan de chou gras

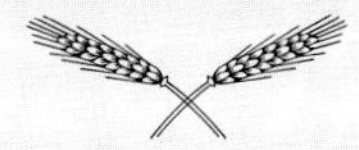

Même les convives qui font la fine bouche devant les légumes se délecteront de ce mets fin.

Pour 4 personnes (micro-ondes)

500 ml (2 tasses) de chou gras cuit, pressé et haché finement
50 ml (1/4 tasse) de beurre
45 ml (3 c. à table) de farine
250 ml (1 tasse) de lait
3 œufs
sel, poivre

Préparer une béchamel épaisse avec le beurre, la farine et le lait. Ajouter le chou gras. Bien mélanger puis ajouter un à un les œufs. Saler, poivrer.

Verser le mélange dans des ramequins (moules à crème caramel) ou dans des moules à tartelette bien beurrés.

Faire cuire au four (190 °C — 375 °F) pendant 15 minutes dans un plat contenant 1 cm (1/2 po) d'eau, ou cuire au micro-ondes à puissance maximum pendant 5 minutes.

Démouler et servir en accompagnement d'une viande ou d'un poisson.

100 g (3 1/3 oz) de chou gras contiennent près de 4 mg de fer — soit plus que tout autre légume vert excepté le persil — et 80 mg de vitamine C. Le chou gras contient en outre de la vitamine A. L'acide oxalique qu'il renferme peut être toxique si on en consomme de grandes quantités. Mais à doses raisonnables, le chou gras a des propriétés dépuratives, émollientes et laxatives.

Quiche au chou gras

Cette version «sauvage» de la quiche aux épinards est une bonne source de fer et de calcium.

POUR 4 PERSONNES

Pâte à tarte

500 ml (2 tasses) de farine
150 ml (2/3 tasse) de beurre
un peu d'eau froide

Garniture

500 ml (2 tasses) de chou gras cuit, pressé et haché
3 œufs
250 ml (1 tasse) de fromage cottage
noix de muscade
sel, poivre

Dans un robot culinaire, mélanger la farine et le beurre jusqu'à consistance de chapelure. Ajouter un peu d'eau en mélangeant par coups intermittents pour former une pâte ferme. La garder au réfrigérateur pendant 15 minutes.

Étaler la pâte et en garnir un moule à tarte.

Mélanger le chou gras avec les œufs et le fromage cottage. Assaisonner au goût et verser dans le moule.

Cuire au four (190 °C — 375 °F) pendant 35 à 40 minutes.

Le chou gras est un bon engrais vert. Il favorise toutefois la transmission de maladies aux plantes potagères. Il est donc préférable de l'éliminer du potager.

Raviolis aux deux fromages

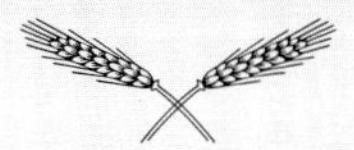

Il pleut dehors! Profitons-en pour passer quelques heures délicieuses les mains dans la farine.

Pour 4 personnes

Pâte à raviolis

375 ml (1 1/2 tasse) de farine
2 œufs
60 ml (4 c. à table) d'huile
sel
un peu d'eau froide

Farce

250 ml (1 tasse) de chou gras cuit et pressé
125 ml (1/2 tasse) de fromage à la crème
125 ml (1/2 tasse) de parmesan râpé
huile
sel, poivre

Sauce au parmesan

30 ml (2 c. à table) de beurre
15 ml (1 c. à table) de farine
250 ml (1 tasse) de lait
250 ml (1 tasse) de parmesan râpé

Dans un robot culinaire, mélanger la farine, les œufs, une pincée de sel et l'huile. Incorporer assez d'eau froide pour former une pâte élastique. Laisser reposer 1 heure au réfrigérateur.

Mélanger le chou gras, le fromage à la crème et le parmesan.

Étaler la pâte à raviolis, déposer des cuillerées de farce à intervalles réguliers. Recouvrir d'une couche de pâte. Sceller et couper au couteau. Il existe des moules à raviolis qui simplifient cette tâche.

Faire cuire les raviolis et servir avec une sauce au parmesan.

Sauce au parmesan

Faire une béchamel avec le beurre, la farine et le lait. Ajouter le parmesan. Bien mélanger. Diluer avec un peu de lait si la sauce est trop épaisse.

Potage de quenouille au cari

Saviez-vous que la composition de la poudre de cari fut fixée par décret lors de l'exposition universelle de Paris en 1889?

POUR 4 PERSONNES

1 douzaine de pousses de quenouille émincées*
1 oignon émincé
45 ml (3 c. à table) de beurre
15 ml (1 c. à table) de cari
45 ml (3 c. à table) de farine
625 ml (2 1/2 tasses) de bouillon de poulet

Photo: pousses de quenouille

* Les quenouilles peuvent être remplacées par des blancs de poireau.

Dans une casserole, faire revenir l'oignon dans le beurre jusqu'à ce qu'il soit transparent.

Saupoudrer de cari, cuire 2 minutes puis incorporer la farine et cuire encore quelques secondes.

Ajouter le bouillon et les quenouilles. Porter à ébullition puis baisser le feu et mijoter pendant 15 minutes.

Rectifier l'assaisonnement. Servir chaud.

Pour récolter les pousses de quenouille, saisir à deux mains la tige et tirer vers le haut. Couper la partie verte et enlever plusieurs épaisseurs de feuilles pour ne garder que le cœur blanc.

Pousses de quenouille, sauce gribiche

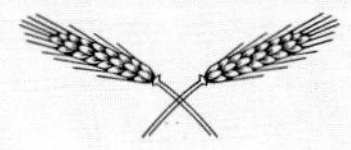

La sauce gribiche est une mayonnaise plus digeste que la recette traditionnelle.

POUR 4 PERSONNES

20 pousses de quenouille

Sauce gribiche

1 œuf dur
250 ml (1 tasse) d'huile d'olive
30 ml (2 c. à table) de jus de citron
30 ml (2 c. à table) de câpres hachées
ciboulette hachée
sel, poivre

Faire bouillir les pousses de quenouille pendant 3 à 5 minutes. Égoutter et laisser refroidir.

Séparer le jaune du blanc d'œuf. Écraser le jaune et le monter en mayonnaise en incorporant l'huile graduellement tout en battant.

Ajouter le jus de citron, les câpres et le blanc d'œuf haché. Saler, poivrer.

Disposer les pousses de quenouille sur les assiettes. Verser la sauce gribiche dessus et saupoudrer de ciboulette.

La même sauce peut être servie avec les épis mâles bouillis.

Il existe deux sortes de quenouille: à feuilles étroites et à feuilles larges. Toutes deux ont la même valeur culinaire.

Roulades de jambon aux pousses de quenouille

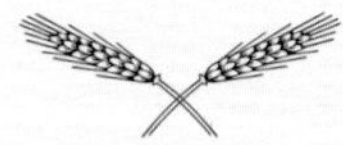

Une roulade fait un repas rapide, deux roulades font un souper copieux et trois roulades constituent un péché de gourmandise.

Par roulade

3 pousses de quenouille
1 tranche de jambon forêt noire
1 tranche de fromage gruyère
ou jarlsberg
moutarde forte
vin blanc

Faire cuire les pousses de quenouille 3 à 5 minutes à l'eau bouillante.

Poser une tranche de jambon sur chaque tranche de fromage. Badigeonner de moutarde. Placer les pousses de quenouille sur le bord et rouler le jambon et le fromage.

Maintenir les roulades avec des cure-dents. Les placer dans un plat allant au four.

Verser dans le fond 2 cm (1 po) de vin blanc.

Faire cuire au four (190 °C — 375 °F) jusqu'à ce que le fromage fonde, environ 15 minutes.

Vous pouvez servir les roulades telles quelles ou arrosées d'une sauce au vin blanc.

Sauce au vin blanc

Verser le liquide de cuisson dans une petite casserole et amener à ébullition. Lier avec un peu de beurre manié ou 5 ml (1 c. à thé) de fécule de maïs diluée dans un peu de vin blanc froid ou d'eau.

Beurre manié: *incorporer 5 ml (1 c. à thé) de farine à 5 ml (1 c. à thé) de beurre ramolli.*

Soufflé à la fleur de quenouille

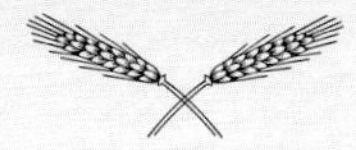

Légère, onctueuse, gonflée à souhait, voici une entrée aux couleurs de l'été.

POUR 4 PERSONNES (micro-ondes)

250 ml (1 tasse) de fleurs de quenouille
125 ml (1/2 tasse) de beurre
250 ml (1 tasse) de farine
125 ml (1/2 tasse) de lait
4 œufs, jaunes et blancs séparés
250 ml (1 tasse) de cheddar fort râpé
50 ml (1/4 tasse) de fines herbes:
estragon, aneth, persil, cerfeuil…
sel, poivre

Faire une béchamel avec le beurre, la farine et le lait. Ajouter les fleurs de quenouille, les jaunes d'œuf et le fromage.

Battre les blancs d'œuf en neige et incorporer délicatement au mélange.

Verser dans un moule à soufflé beurré et cuire au four (200 °C — 400 °F) pendant 30 minutes.

Servir immédiatement. Si le soufflé doit attendre, le garder au four pour éviter qu'il ne s'affaisse.

Fleur, étamines, pollen… plusieurs noms qui désignent la farine faite à partir de l'épi mâle. (Voir à la page 29 pour la récolte.) Si la farine a été conservée au congélateur, la passer rapidement au robot culinaire (à sec) pour lui redonner sa légèreté ou l'émietter avec les doigts. Vous trouverez d'autres recettes avec la farine de quenouille au chapitre «Les petits fruits».

Crème d'oseille

Cette soupe, préparée en quelques minutes, se sert chaude ou froide.

POUR 4 PERSONNES

250 ml (1 tasse) de petite oseille bien pressée
30 ml (2 c. à table) de beurre
500 ml (2 tasses) d'eau
1 cube de bouillon de poulet
3 pommes de terre moyennes, pelées et coupées en morceaux
un filet de crème à 35 % *ou*
15 ml (1 c. à table) de crème sure (facultatif)

Faire fondre le beurre dans une casserole. Ajouter l'oseille et faire revenir 30 secondes.

Ajouter l'eau, le cube de bouillon de poulet et les pommes de terre.

Amener à ébullition puis baisser le feu et laisser mijoter à couvert jusqu'à ce que les pommes de terre soient cuites. Réduire en crème au mélangeur.

Servir avec de la crème à 35 % ou de la crème sure.

La petite oseille est une plante «dioïque», c'est-à-dire que les fleurs mâles et les fleurs femelles poussent sur des plants différents.

Photo:
gauche: potage de quenouille au cari
droite: crème d'oseille

Mousse de saumon à la petite oseille

Cette recette prouve une fois pour toutes que la cuisine raffinée ne signifie pas nécessairement défoncer son budget.

POUR 4 PERSONNES (micro-ondes)

1 boîte de saumon
3 blancs d'œuf
250 ml (1 tasse) de babeurre

Pâte à chou

250 ml (1 tasse) de farine
50 ml (1/4 tasse) de beurre salé
250 ml (1 tasse) d'eau
4 œufs

Sauce

250 ml (1 tasse) de petite oseille hachée finement
250 ml (1 tasse) de crème à 35 %
sel, poivre

Pour préparer la pâte à chou, faire bouillir l'eau et le beurre. Ajouter la farine d'un seul coup et mélanger avec une cuillère en bois jusqu'à ce que la pâte se détache de la casserole.

Hors du feu, ajouter les œufs un à un en mélangeant bien entre chacun.

Enlever les arêtes du saumon et réduire la chair en purée au mélangeur ou au robot culinaire. Battre les blancs d'œuf jusqu'à ce qu'ils forment des pics mous. Incorporer au saumon puis ajouter le babeurre pour former une pâte légère et homogène. Mélanger délicatement avec la pâte à chou.

Verser dans des moules beurrés. Déposer les moules dans un grand plat allant au four. Verser 2 cm (1 po) d'eau au fond du plat.

Cuire au four (190 °C — 375 °F) pendant 25 minutes ou jusqu'à ce qu'un cure-dent piqué dans les mousses ressorte propre. Les mousses peuvent également être cuites au micro-ondes à puissance maximum, 5 minutes.

Pour préparer la sauce, faire épaissir la crème à feu moyen. Verser dans un mélangeur ou dans le bol d'une mixette. Ajouter la petite oseille. Réduire en purée.

Remettre dans la casserole. Réchauffer sans faire bouillir. Napper les mousses avec la sauce.

Servir avec du riz.

La pâte à chou: *certainement l'une des préparations les plus versatiles de la cuisine française. Pour obtenir de petits choux, déposer des boules de pâte — à l'aide d'une cuillère ou d'une poche à douille — sur une tôle à biscuits huilée. Cuire au four (190 °C — 375 °F) jusqu'à ce que les choux aient blondi (20 minutes environ). Piquer chaque chou avec la lame d'un couteau pointu pour faire sortir la vapeur et les laisser sécher dans le four ouvert pendant 10 minutes. Garnir d'un appareil salé ou sucré.*

Velouté d'oseille

Voici la version des jours de fête de la crème d'oseille. Riche, onctueux, ce velouté ouvre avec bonheur un repas de gourmet.

POUR 4 PERSONNES

375 ml (1 1/2 tasse) de petite oseille
50 ml (1/4 tasse) de beurre
45 ml (3 c. à table) de farine
625 ml (2 1/2 tasses) de bouillon de poulet
3 jaunes d'œuf
50 ml (1/4 tasse) de crème à 35 %

Faire fondre le beurre dans une casserole. Verser la farine en pluie. Mélanger et cuire quelques secondes.

Ajouter le bouillon de poulet puis la petite oseille.

Amener à ébullition tout en remuant et cuire quelques minutes à gros bouillons.

Passer la soupe au mélangeur ou à la mixette.

Délayer les jaunes d'œuf dans la crème. Lier le potage avec ce mélange hors du feu. Garnir de quelques feuilles d'oseille hachées.

Les veloutés peuvent être préparés avec différents légumes: fond d'artichaut, carottes, céleri, champignons…

Croquettes d'agneau à la menthe

Servez ces délicieuses bouchées en amuse-gueule, en entrée ou comme repas léger.

POUR 4 À 6 PERSONNES

400 g (14 oz) d'agneau haché
1 œuf + 1 jaune d'œuf
1 oignon émincé
125 ml (1/2 tasse) de chapelure humide
15 ml (1 c. à table) de jus de citron
15 ml (1 c. à table) de menthe fraîche hachée
1 gousse d'ail écrasée
5 ml (1 c. à thé) de sel
huile pour friture

Mélanger tous les ingrédients, façonner la farce en petites boules et faire frire dans 2 cm (1 po) d'huile végétale. Retourner les croquettes fréquemment pour qu'elles dorent sur tous les côtés.

Égoutter sur des serviettes de papier. Servir chaud avec une sauce au yogourt (page 74).

Ces croquettes peuvent être cuites à l'avance et congelées. Pour les servir, réchauffer au four (180 °C — 350 °F) ou au micro-ondes.

Sandwich moyen-oriental: *couper des pitas en deux et farcir avec des croquettes, des morceaux de tomate et de concombre. Assaisonner de sauce au yogourt. Garnir de feuilles de menthe.*

Trempette aux pois

Les petits comme les grands raffolent des trempettes.
En voici une qui se prépare en quelques minutes.

Donne 500 ml (2 tasses)

250 ml (1 tasse) de petits pois frais ou congelés
250 ml (1 tasse) de fromage cottage ou ricotta
125 ml (1/2 tasse) de yogourt nature
125 ml (1/2 tasse) de menthe sauvage
jus de 1 citron
sel, poivre

Faire cuire les pois dans de l'eau bouillante salée. Égoutter et refroidir.

Mettre tous les ingrédients dans un mélangeur ou un robot culinaire. Réduire en purée à haute vitesse. Saler, poivrer au goût.

Servir avec des crudités.

Sauce au yogourt

Pour les croquettes et les roulés à l'agneau et à la menthe, mais aussi pour assaisonner une salade de concombre ou accompagner des feuilles de vigne farcies.

Donne 250 ml (1 tasse)

2 oignons verts (échalotes) émincés
250 ml (1 tasse) de yogourt nature
45 ml (3 c. à table) de menthe fraîche émincée
1 gousse d'ail écrasée

Mélanger tous les ingrédients. Couvrir et réfrigérer 1 heure avant de servir.

Potée de saumon

Idéal pour un pique-nique, ce pâté est délicieux sur des scones aux fines herbes ou du pain grillé.

POUR 4 À 6 PERSONNES (en entrée)

250 ml (1 tasse) de vin blanc sec
250 g (9 oz) de saumon en filet
125 ml (1/2 tasse) de crème sure
30 ml (2 c. à table) de menthe hachée
30 ml (2 c. à table) de jus de citron
1 feuille de laurier
1 pincée de muscade
6 grains de poivre
sel, poivre

Dans une petite casserole (de préférence en émail ou en pyrex), combiner le vin, la feuille de laurier, la muscade, les grains de poivre et une pincée de sel. Faire frémir pendant 5 minutes.

Ajouter le saumon et assez d'eau pour le couvrir entièrement. Pocher 8 à 10 minutes ou jusqu'à ce que le poisson perde sa transparence.

Transférer le saumon sur une assiette et laisser refroidir. Filtrer le liquide et réduire à feu moyen jusqu'à ce qu'il en reste environ 30 ml (2 c. à table).

Enlever la peau, les arêtes et les parties brunes du saumon. Dans un robot culinaire, réduire le saumon en miettes avec le jus de cuisson. Ajouter la crème sure, le jus de citron, la menthe et mélanger. Procéder par coups intermittents pour conserver la texture du poisson.

Rectifier l'assaisonnement. Verser le pâté dans une terrine et réfrigérer plusieurs heures.

Ramener lentement à la température de la pièce 30 minutes avant de servir.

Roulés à l'agneau et à la menthe

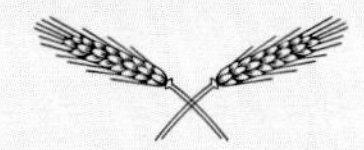

L'agneau et la menthe, vraiment un mariage parfait!

Une dizaine de roulés

200 g (7 oz) d'agneau haché
250 ml (1 tasse) d'épinards ou de chou gras cuits, hachés fins
1 oignon émincé
1 œuf
60 ml (4 c. à table) de menthe fraîche émincée
huile
sel, poivre
pâte filo
beurre fondu

Faire revenir l'oignon dans un peu d'huile jusqu'à ce qu'il soit transparent. Ajouter l'agneau et cuire à feu moyen pendant quelques minutes. L'agneau doit rester rosé.

Dans un bol, mélanger les épinards avec l'agneau, l'œuf et la menthe. Assaisonner au goût.

Étaler sur une grande surface une feuille de pâte filo, tout en gardant le reste de la pâte sous un linge humide. Badigeonner la moitié de la feuille avec du beurre fondu. Rabattre l'autre moitié sur la partie beurrée.

Déposer 15 ml (1 c. à table) de farce sur le côté étroit du rectangle, en laissant 2 cm (1 po) de chaque bord. Rouler une fois, replier les coins et rouler à nouveau pour former un cigare.

Répéter avec le reste de la farce.

Faire cuire au four (190 °C — 375 °F) pendant 25 à 30 minutes ou jusqu'à ce que les roulés soient dorés.

Servir avec la sauce au yogourt (page 74).

Blinis aux chanterelles en trompette

1
2
3

LES CHAMPIGNONS

Blinis aux chanterelles en trompette

Bœuf stroganov

Cèpes farcis

Consommé aux cèpes

Paupiettes de veau aux deux champignons

Poulet aux pleurotes

Russules à la lyonnaise

Sauce tomate aux coprins chevelus

Sauté à l'orientale

Soupe chinoise aux marasmes d'Oréade

Soupe japonaise

Tomates farcies aux russules

Tortellini aux artichauts et aux coprins

Tranches de gigot bergère

Truite farcie aux agarics champêtres

Chanterelles en ramequin

4
5
6

Je ne saurais trop insister sur la nécessité de bien identifier les champignons que l'on veut consommer. Peu sont réellement dangereux, encore faut-il les connaître!

Il existe de nombreux clubs de mycologues à travers la province auxquels vous pourriez vous joindre. Pour ma part, j'ai appris à identifier les champignons avec l'excellent livre de René Pomerleau* et l'aide de mycologues avertis.

Il est maintenant possible d'acheter certains champignons sauvages — bolets, chanterelles — sur le marché, à prix d'or, faut-il souligner! D'autres champignons, comme les pleurotes, sont cultivés depuis quelques années mais ils n'ont certainement pas la saveur des produits sauvages. Enfin, le champignon blanc de couche n'est autre que la version cultivée de la psalliote ou agaric champêtre.

Certains champignons sont meilleurs frais, d'autres ne développent leur arôme qu'une fois séchés. Le marasme d'Oréade (mousseron), par exemple, est assez insignifiant à l'état frais. En revanche, il devient un véritable délice une fois séché. Les champignons séchés ont de plus l'avantage de pouvoir supporter de longues cuissons, les rendant précieux dans les plats mitonnés.

Toutes les recettes qui utilisent des champignons de couche conviennent bien entendu aux psalliotes, mais vous pouvez adapter de nombreuses autres recettes pour accommoder vos récoltes. Les champignons sauvages font de savoureuses omelettes. Ils peuvent être servis très simplement, revenus dans du beurre et des fines herbes, comme ils peuvent farcir des crêpes ou des vol-au-vent.

Beaucoup de champignons sont comestibles. Cela ne veut pas dire qu'ils sont tous intéressants sur le plan culinaire. Certains, trop petits ou trop mous, se transforment en bouillie à la cuisson tandis que d'autres sont trop coriaces. Quelques-uns sont insipides ou ont franchement mauvais goût sans pour cela être toxiques.

Personnellement, je ne ramasse que 10 sortes de champignons parmi plus de 1000 espèces comestibles. Les voici:

Agaric champêtre ou psalliote des prés

Cousin du champignon de couche vendu en magasin, il pousse en groupes, parfois en cercles, dans le gazon ou dans les champs. J'ai déjà fait des récoltes miraculeuses sur les terrains de golf.

---

* René Pomerleau, *Guide pratique des principaux champignons du Québec*, La Presse.

7

Bolet ou cèpe (*photo 1*)

Le bolet porte des tubes au lieu de lamelles sous le chapeau. C'est un de ses signes distinctifs. Il existe une quinzaine d'espèces de bolets. Seul le bolet amer n'est pas comestible. Le cèpe de Bordeaux (ou bolet comestible) est le plus prisé. Les bolets poussent en été et en automne, dans les forêts de conifères ou les forêts mixtes.

Chanterelle (*photo 2*)

Il en existe plusieurs variétés dont les couleurs vont de l'orange vibrant au gris perlé. Elles sont facilement reconnaissables à leur forme de corolle et à leur pied que l'on ne peut détacher du chapeau. Toutes les chanterelles supportent bien la congélation.

Clavaire (*photo 3*)

Étrange champignon qui ressemble à du corail ou parfois à une éponge de mer. Il en existe une vingtaine d'espèces mais je ne récolte que la clavaire dorée. Insipide au naturel, la clavaire développe tout son arôme une fois séchée.

Coprin chevelu

Il pousse isolé ou en touffes sur les pelouses et près des vieilles souches d'arbres. Petit, blanc et en forme de fuseau au début, il se recouvre d'écailles grises et noircit rapidement.

Hydne sinué ou pied-de-mouton (*photo 4*)

Il peut prendre des formes excentriques mais sa chair demeure toujours délicieuse. De couleur crème ou rose orangé, il se distingue par les aiguillons qui recouvrent le dessous du chapeau. Il croît isolé ou en groupes dans les forêts de feuillus ou mixtes, en été et en automne.

Marasme d'Oréade (*photo 5*)

Ce petit champignon au chapeau mamelonné croît isolé, en touffes ou en cercles (appelés ronds de sorcière) dans les prés, les pâturages et sur les pelouses. Insipide frais, il développe toute sa saveur une fois séché. Il faut le distinguer des petits clitocybes vénéneux qui poussent dans le même habitat.

Pleurote

Il pousse en colonies sur les troncs d'arbres. Les quatre espèces de pleurotes sont comestibles, mais le pleurote en forme d'huître est le plus recherché. Il est possible de cultiver les pleurotes chez soi, dans un endroit frais et humide. Les semences et le substrat de culture sont vendus dans certains centres de jardinage.

Russule (*photo 6*)

La charbonnière et la verdoyante sont les plus prisées des gourmets. Cependant, les russules ne sont pas toutes comestibles. La russule émétique (à chapeau rouge) est toxique, d'autres russules rouges ont une saveur amère, âcre ou brûlante.

Vesse-de-loup (*photo 7*)

Minuscule ou géante, blanche, crème ou brune, elle pousse en touffes ou isolée en été et en automne, sur les pelouses, dans les champs et les sous-bois. À maturité, l'intérieur se désagrège lentement en filament ou en poudre. La plupart des vesses-de-loup sont comestibles. Les déguster crues en salade pour les petites ou tranchées et escalopées dans un peu de beurre pour les géantes qui peuvent atteindre 50 cm (20 po) de diamètre.

Blinis aux chanterelles en trompette

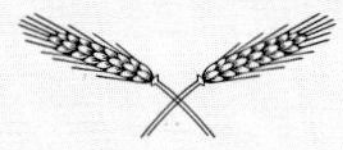

Ces petites crêpes de sarrazin nous viennent de Russie. Le caviar, traditionnellement servi avec les blinis, est remplacé ici par les chanterelles.

Pour 4 personnes

Pâte à crêpes

50 ml (1/4 tasse) de farine de sarrazin
125 ml (1/2 tasse) de farine ordinaire
5 ml (1 c. à thé) de poudre à pâte
2 œufs
250 ml (1 tasse) de lait
125 ml (1/2 tasse) d'eau
2 ml (1/2 c. à thé) de sel
huile pour faire les crêpes

Garniture

1 l (4 tasses) de chanterelles
en trompette
30 ml (2 c. à table) de beurre
125 ml (1/2 tasse) de crème à 35 %
sel, poivre

Mélanger les farines. Ajouter la poudre à pâte, le lait, les œufs et mélanger le tout.

Laisser reposer la pâte à crêpes 2 heures au réfrigérateur. La diluer avec de l'eau si elle est trop épaisse.

Faire chauffer une poêle en fonte ou à surface antiadhésive, bien huilée.

Faire de petites crêpes minces. Disposer sur des assiettes chaudes.

En même temps, faire fondre le beurre dans une casserole. Ajouter les chanterelles, couvrir et laisser étuver à feu doux pendant 3 minutes. Saler, poivrer.

Juste avant de servir, incorporer la crème aux champignons. Déposer quelques cuillerées du mélange sur chaque crêpe. Servir.

Les chanterelles en trompette poussent en colonies, parfois très denses, dans les sous-bois de conifères et sur des tapis de mousse. Elles conservent bien leur forme et leur parfum à la congélation.

Bœuf stroganov

Un autre plat traditionnel qui nous vient de la cuisine russe.

POUR 4 PERSONNES

300 g (10 oz) de filet de bœuf ou de bifteck à sandwich
1 oignon
500 ml (2 tasses) de champignons sauvages (cèpes, agarics, russules, chanterelles claviformes…)
45 ml (3 c. à table) de beurre
15 ml (1 c. à table) d'huile
cognac
250 ml (1 tasse) de crème à 35 %
sel, poivre

Couper le bœuf en minces lamelles. Hacher l'oignon et trancher les champignons.

Faire fondre 15 ml (1 c. à table) de beurre et y faire revenir l'oignon. Ajouter les champignons émincés, couvrir et laisser étuver quelques minutes jusqu'à ce que les champignons soient à moitié cuits. Retirer de la poêle et réserver.

Essuyer la poêle et y faire fondre 30 ml (2 c. à table) de beurre avec l'huile. Sauter la viande 1 minute à feu vif en la retournant fréquemment.

Arroser de cognac et flamber.

Remettre les champignons dans la poêle avec la crème et mélanger. Porter à ébullition et cuire 1 minute.

Rectifier l'assaisonnement. Parsemer de persil frais haché et servir avec des pommes de terre à la vapeur ou des nouilles fraîches.

AFFE·ITALIA

Cèpes farcis

Trio gagnant: cèpes farcis, fromage de chèvre mariné à l'achillée et tomates séchées.

Pour 4 personnes

12 chapeaux de cèpe de taille moyenne*
1 oignon vert (échalote) émincé
125 ml (1/2 tasse) de croûtons à l'ail grossièrement écrasés
30 ml (2 c. à table) de persil haché
60 ml (4 c. à table) de beurre ramolli
chapelure
huile ou beurre fondu

* Les cèpes peuvent être remplacés par des russules, des psalliotes ou des champignons de couche.

Couper le pied des cèpes. Hacher finement quelques pieds (congeler le reste pour faire un consommé). Mélanger avec l'oignon vert, le persil, les croûtons et le beurre.

Remplir les chapeaux avec la farce. Parsemer de chapelure, arroser d'huile ou de beurre fondu et passer au gril pendant quelques minutes.

Servir chaud.

Fromage de chèvre mariné à l'achillée: *placer le fromage frais dans un bocal en verre avec une poignée de feuilles d'achillée. Couvrir d'huile d'olive. Mariner quelques jours.*

Tomates séchées: *couper les tomates fraîches en tranches épaisses. Placer sur une tôle à biscuits et sécher au four à la plus basse température. Le séchage peut prendre 18 à 24 heures. Conserver dans des bocaux de verre. Pour servir, réhydrater les tomates dans de l'eau chaude. Égoutter et mariner les tomates quelques heures dans l'huile d'olive. Assaisonner au goût.*

Consommé aux cèpes

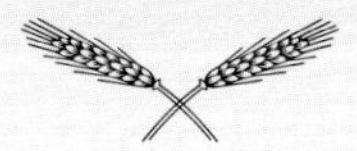

Facile et rapide, ce consommé permet de commencer le repas sur une note raffinée.

POUR 4 PERSONNES

250 ml (1 tasse) de champignons séchés
1,5 l (6 tasses) de bouillon de bœuf
1 bouquet garni (thym, laurier, marjolaine, romarin)
60 ml (4 c. à table) de madère
sel, poivre

Faire tremper les champignons dans de l'eau tiède pendant 1 heure.

Faire bouillir le bouillon de bœuf avec le bouquet garni pendant 5 minutes.

Égoutter les champignons, les ajouter au bouillon et mijoter 15 minutes.

Filtrer. Presser les champignons avec une cuillère pour extraire tout le liquide.

Ajouter le madère, saler et poivrer si nécessaire.

Servir chaud.

Pour éclaircir un consommé, battre un blanc d'œuf dans le bouillon à feu moyen jusqu'à ce qu'une mousse se forme à la surface. Cesser de battre et porter à ébullition. Retirer du feu. Laisser reposer 5 minutes puis filtrer le bouillon.

Paupiettes de veau aux deux champignons

La douceur du veau met en valeur l'arôme des champignons sauvages, tandis que le fromage ajoute du moelleux à ces paupiettes express.

Pour 4 personnes

4 escalopes de veau minces
250 ml (1 tasse) de clavaires séchées
250 ml (1 tasse) de bolets, chanterelles ou agarics champêtres émincés
4 tranches de fromage gruyère ou mozzarella
30 ml (2 c. à table) de beurre ramolli
30 ml (2 c. à table) de beurre
30 ml (2 c. à table) d'huile
50 ml (1/4 tasse) de vin blanc
sel, poivre

Faire tremper les clavaires 1 heure dans de l'eau tiède.

Égoutter les champignons et les presser pour extraire tout le liquide. Hacher finement et les mélanger avec le beurre ramolli. Saler, poivrer.

Poser une tranche de fromage sur chaque escalope. Étendre 1/4 de farce sur chacune, en gardant les bords libres. Rouler et ficeler ou maintenir avec des cure-dents.

Faire revenir les paupiettes dans le beurre et l'huile. Mouiller avec le vin et un peu d'eau. Couvrir et laisser mijoter 10 minutes.

Ajouter les autres champignons et cuire encore 5 minutes.

Dresser les paupiettes sur les assiettes chaudes. Lier la sauce avec une cuillerée de beurre manié. En napper les paupiettes.

Poulet aux pleurotes

Lors d'une promenade à Montebello, j'ai récolté tout un panier de pleurotes. De retour au chalet de mes amis, j'ai improvisé cette recette avec les moyens du bord.

Pour 4 à 6 personnes

1 poulet
4 tranches de bacon coupées en morceaux
500 ml (2 tasses) de pleurotes coupés en morceaux
1 oignon émincé
2 pommes de terre coupées en morceaux
2 carottes coupées en morceaux
250 ml (1 tasse) de chou gras ou d'épinards cuits, bien égouttés et hachés finement
500 ml (2 tasses) de mie de pain humide
500 ml (2 tasses) de bière
1 œuf
30 ml (2 c. à table) d'huile
sel, poivre

Faire revenir l'oignon dans un peu d'huile jusqu'à ce qu'il soit transparent. Verser dans un grand bol.

Ajouter les pleurotes, la mie de pain, le chou gras ou les épinards et l'œuf légèrement battu. Saler, poivrer.

Bien mélanger tous les ingrédients de la farce. Si le poulet contient son foie, le couper en petits morceaux et l'ajouter à la farce. Farcir le poulet. Le brider.

Dans une marmite profonde, faire rissoler le bacon dans l'huile. Faire dorer le poulet, ajouter les pommes de terre et les carottes, mouiller avec la bière, couvrir et laisser mijoter 1 heure sur la cuisinière ou au four (190 °C — 375 °F).

Dresser le poulet sur le plat de service, entouré des légumes. Garder au chaud.

Dégraisser le jus de cuisson et le réduire de moitié à feu vif, lier avec du beurre manié en battant vigoureusement. Servir séparément.

Russules à la lyonnaise

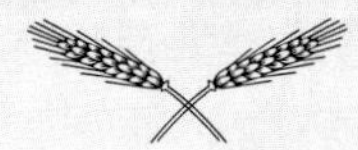

Un plat robuste qui constitue un repas à lui tout seul ou accompagne avec bonheur une saucisse grillée, de Toulouse ou d'ailleurs.

Pour 2 personnes

500 ml (2 tasses) de russules coupées en gros morceaux
1 oignon coupé en tranches épaisses
500 ml (2 tasses) de pommes de terre nouvelles, cuites et coupées en cubes
45 ml (3 c. à table) de beurre
30 ml (2 c. à table) d'huile
thym, romarin ou origan frais
sel, poivre

Faire dorer l'oignon dans le beurre et l'huile. Ajouter les pommes de terre. Saler, poivrer et rissoler à feu moyen pendant 5 minutes.

Ajouter les russules et cuire à couvert pendant 3 minutes. Terminer la cuisson à découvert et à feu vif pendant quelques secondes pour faire évaporer le jus des champignons (si nécessaire).

Servir saupoudré de fines herbes émincées.

Les russules ressemblent à des champignons de dessins animés. Elles viennent dans toutes les couleurs: jaune, violet, vert, rouge, orange, gris… Les lamelles et les pieds sont blancs. Elles sont abondantes presque partout au Québec et se conservent bien quelques jours au réfrigérateur dans un sac de papier.

Sauce tomate aux coprins chevelus

Heureux le jardinier qui voit pousser des coprins sur sa pelouse.

Pour 4 personnes

1 l (4 tasses) de coprins chevelus coupés en tronçons
1 oignon émincé
50 ml (1/4 tasse) d'huile d'olive
4 grosses tomates bien mûres hachées
4 feuilles de basilic émincées
sel, poivre

Faire revenir l'oignon à feu moyen dans l'huile d'olive jusqu'à ce qu'il soit transparent.

Ajouter les coprins. Sauter à feu vif pendant 2 minutes.

Ajouter les tomates. Saler, poivrer et cuire jusqu'à ce que la sauce soit bien liée.

Saupoudrer de basilic. Servir sur un lit de fettucini.

Pizza minute: *couvrir des pitas avec la sauce. Saupoudrer de fromage, d'herbes fraîches. Arroser d'un filet d'huile d'olive et faire gratiner au four pendant quelques minutes.*

Sauté à l'orientale

Les Chinois utilisent plusieurs variétés de champignons séchés, disponibles dans les épiceries orientales.

POUR 4 PERSONNES

1 poitrine de poulet coupée en cubes
125 ml (1/2 tasse) de cèpes en tranches ou de champignons chinois
250 ml (1 tasse) de maïs miniature
125 ml (1/2 tasse) de châtaignes d'eau tranchées
1 oignon tranché
2 carottes coupées en tranches obliques
250 ml (1 tasse) de brocoli ou de courgettes tranchées
50 ml (1/4 tasse) de noix d'acajou
30 ml (2 c. à table) d'huile
1 paquet de nouilles chinoises aux œufs

Marinade

50 ml (1/4 tasse) de sauce soja
50 ml (1/4 tasse) d'eau
30 ml (2 c. à table) d'huile de sésame
15 ml (1 c. à table) de jus de gingembre

Faire tremper le poulet dans la marinade pendant 30 minutes. Égoutter et faire saisir le poulet quelques minutes à feu vif, dans un peu d'huile. Réserver.

Dans une grande sauteuse ou un wok, faire chauffer l'huile, sauter l'oignon pendant 1 minute. Ajouter le reste des légumes, les champignons, les noix et cuire à feu moyen et à couvert pendant 5 minutes.

Ajouter le poulet, la marinade et sauter 1 minute à feu vif et à découvert.

Servir sur un lit de nouilles aux œufs.

Soupe chinoise aux marasmes d'Oréade

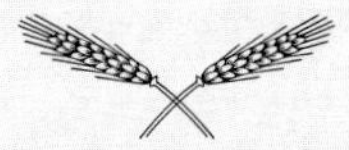

Les soupes orientales, véritables repas complets, sont à mon humble avis le meilleur des fast foods jamais inventé.

Pour 2 personnes

125 ml (1/2 tasse) de marasmes séchés
1/2 poitrine de poulet coupée en cubes
75 ml (1/3 tasse) de petits pois frais ou congelés
125 ml (1/2 tasse) de chou gras ou d'épinards cuits
250 ml (1 tasse) de nouilles chinoises ou de vermicelles cuits
500 ml (2 tasses) de bouillon de poulet
30 ml (2 c. à table) d'huile végétale

Marinade

30 ml (2 c. à table) de sauce soja
30 ml (2 c. à table) d'huile de sésame
15 ml (1 c. à table) de jus de gingembre

Photo:
gauche: soupe japonaise
droite: soupe chinoise aux marasmes d'Oréade

Réhydrater les champignons dans de l'eau tiède. Pendant ce temps, mariner le poulet.

Faire chauffer l'huile végétale et sauter les cubes de poulet à feu vif pendant 1 minute. Réserver.

Faire bouillir le bouillon de poulet. Ajouter les petits pois, les épinards, les nouilles et les champignons égouttés*. Ramener à ébullition. Ajouter le poulet. Cuire encore 1 minute.

Servir la soupe dans de grands bols, arrosée d'un filet d'huile de sésame et de sauce soja.

* Ne pas utiliser l'eau des champignons qui peut avoir un goût amer.

Soupe japonaise

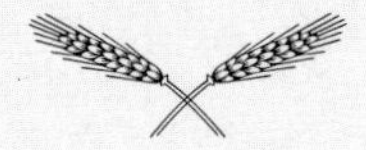

Chinoises ou japonaises, ces soupes font des repas chauds, rapides et nutritifs.

POUR 2 PERSONNES

125 ml (1/2 tasse) de champignons sauvages (cèpes, chanterelles, agarics…)
125 ml (1/2 tasse) de brocoli
2 œufs
nouilles udon* ou fettucini
500 ml (2 tasses) de bouillon de poulet
algues hiziki* (facultatif)

Faire cuire les nouilles. Rincer, réserver.

Pocher les œufs dans le bouillon. Ajouter les nouilles, le brocoli et les champignons. Cuire quelques minutes.

Servir la soupe dans de grands bols, arrosée d'un filet d'huile de sésame et de sauce soja et saupoudrée d'algues hiziki réhydratées.

Les algues sont une excellente source de vitamines et de sels minéraux. Au Québec, il existe plusieurs variétés d'algues comestibles: la laminaire, la main-de-mer palmée (dulse), l'ascophylle noueuse (goémon), la mousse d'Irlande crépue…

* Vendues dans les épiceries orientales et dans certaines boutiques d'aliments naturels.

Tomates farcies aux russules

Un plat d'été ensoleillé et débordant de saveur.

Pour 2 à 4 personnes

4 tomates bien mûres
1 oignon émincé
250 ml (1 tasse) de russules hachées
250 ml (1 tasse) de riz cuit
125 ml ($^1/_2$ tasse) de persil haché
2 œufs
chapelure
huile d'olive
sel, poivre

Faire revenir l'oignon dans un peu d'huile jusqu'à ce qu'il soit transparent.

Ajouter les russules, couvrir et laisser étuver à feu moyen pendant 2 minutes.

Dans un bol, mélanger les champignons, le riz, le persil et les œufs. Saler, poivrer.

Couper le dessus des tomates et les évider. Remplir de farce. Saupoudrer de chapelure et arroser d'un filet d'huile d'olive.

Placer les tomates dans un plat huilé allant au four. Cuire pendant 20 minutes à 190 °C (375 °F).

Servir avec une salade.

Utiliser le même mélange pour farcir d'autres légumes: zucchini, oignons, aubergines… Dans ce cas, cuire partiellement les légumes avant de les farcir. La pulpe des légumes peut être ajoutée à la farce.

Tortellini aux artichauts et aux coprins

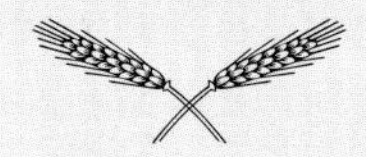

Le Piémont, au nord de l'Italie, est riche en champignons sauvages. Les dimanches d'été et d'automne, des dizaines de marcheurs arpentent les champs et les forêts, panier sous le bras.

Pour 4 à 6 personnes

1 paquet de 200 g (7 oz) de tortellini farcis au fromage
1 oignon émincé
30 ml (2 c. à table) d'huile d'olive
500 ml (2 tasses) de coprins tranchés (ou autre champignon sauvage)
1 boîte de cœurs d'artichaut égouttés et tranchés
2 tomates coupées en cubes
basilic ou origan frais
sel, poivre

Cuire les pâtes selon les instructions du paquet. Bien égoutter.

Faire revenir l'oignon dans l'huile jusqu'à ce qu'il soit transparent.

Ajouter les champignons, les artichauts et les tomates. Saler, poivrer et poursuivre la cuisson pendant 5 minutes à couvert.

Ajouter les tortellini et réchauffer. Rectifier l'assaisonnement et saupoudrer de basilic ou d'origan frais haché avant de servir.

Il existe plusieurs variétés de coprins. Le coprin chevelu est le plus prisé mais le coprin noir d'encre, qui pousse en touffes denses, est également intéressant sur le plan culinaire. La consommation de boisson alcoolisée avec les coprins noirs d'encre peut provoquer des rougeurs de la peau.

Tranches de gigot bergère

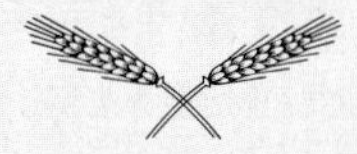

Le goût prononcé de l'agneau se marie bien avec celui plein de finesse des pieds-de-mouton.

Pour 2 personnes

2 tranches de gigot d'agneau
500 ml (2 tasses) de pieds-de-mouton coupés en morceaux
15 ml (1 c. à table) de beurre
15 ml (1 c. à table) d'huile
125 ml (1/2 tasse) de crème à 35 %
sel, poivre

Faire fondre le beurre avec l'huile. Faire revenir les tranches de gigot 2 minutes de chaque côté à feu vif. Retirer et garder au chaud.

Ajouter les champignons à la poêle non dégraissée. Baisser le feu et cuire à couvert pendant 2 minutes à feu moyen.

Verser la crème et bien mélanger tous les sucs, saler, poivrer. Remettre la viande dans la poêle et cuire à couvert jusqu'à ce qu'elle soit à point.

Servir avec du riz ou des pâtes fraîches.

Le pied-de-mouton (hydne sinué) reste ferme pendant longtemps s'il est conservé au réfrigérateur dans un sac de papier. Il conserve toute sa saveur à la congélation.

Truite farcie aux agarics champêtres

Une farce délicate pour mettre en valeur le goût fin de truites fraîches.
Le poisson peut être farci à l'avance et réfrigéré jusqu'à la cuisson.

Pour 4 personnes

4 truites
250 ml (1 tasse) d'agarics champêtres ou de champignons de couche hachés
1 oignon haché finement
50 ml (1/4 tasse) de mie de pain
30 ml (2 c. à table) de persil
30 ml (2 c. à table) de beurre
sel, poivre

Faire revenir l'oignon dans 15 ml (1 c. à table) de beurre jusqu'à ce qu'il soit transparent. Ajouter les champignons et faire revenir 1 minute. Ajouter la mie de pain et le persil. Saler, poivrer.

Farcir les truites avec le mélange.

Faire fondre le reste du beurre dans une poêle et faire dorer les truites 2 minutes de chaque côté. Couvrir et laisser mijoter à feu moyen jusqu'à ce qu'elles soient cuites à l'arête.

Servir avec un flan de chou gras (page 55).

Chanterelles en ramequin

Une recette facile et rapide à préparer, pour le petit-déjeuner ou un souper léger.

POUR CHAQUE RAMEQUIN
(micro-ondes)

45 ml (3 c. à table) de chanterelles coupées en lamelles
15 ml (1 c. à table) de beurre
1 œuf
45 ml (3 c. à table) de crème à 35 % ou de crème sure
persil
sel, poivre

Déposer dans chaque ramequin (petit moule à crème caramel) le beurre, puis les chanterelles.

Casser un œuf dans un verre, battre légèrement et verser sur les chanterelles. Ajouter la crème, saler, poivrer.

Cuire au micro-ondes à puissance maximum pendant 2 minutes.

Servir avec des tranches de baguette chaudes.

Ce plat peut prendre mille et un visages. À la place des chanterelles, utiliser des petits morceaux de bacon grillé, un fond d'artichaut ou du fromage. Remplacer la crème par de la sauce tomate ou de la salsa piquante.

LES PETITS FRUITS

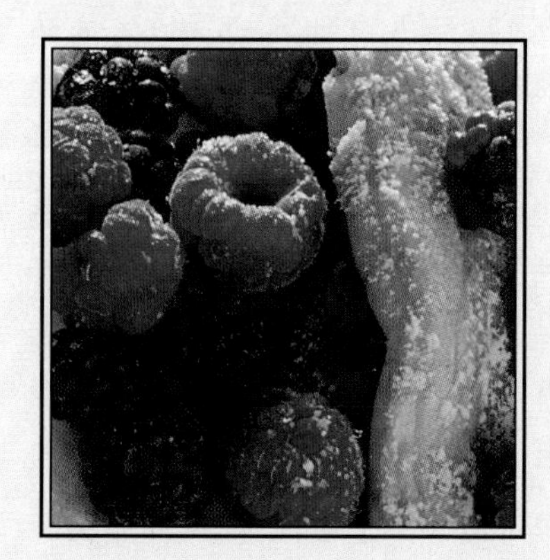

Mère Nature doit avoir la dent sucrée, car elle nous offre toute une moisson de délicieux petits fruits qui font notre bonheur, autant que celui des oiseaux, des petits mammifères… et des ours.

Il existe plus de 200 espèces de petits fruits sauvages au Canada. Beaucoup sont riches en vitamine C. Ils contiennent également du calcium, du fer, de la vitamine A, de la thiamine, de la riboflavine et de la niacine.

Les petits fruits constituent une importante nourriture de survie, particulièrement ceux qui demeurent sur les plants pendant l'hiver, comme le raisin d'ours et le pimbina. Certains fruits sont d'ailleurs meilleurs après quelques gelées: atoca, pimbina, airelle vigne d'Ida…

Les Amérindiens séchaient les petits fruits et en faisaient des galettes ou du pemmican. Cet aliment protéiné à haute teneur énergétique est un mélange de petits fruits séchés, de viande ou de saumon séché et de graisse.

Atocas

Les boules rouges des petits et des gros atocas apparaissent en été dans les tourbières et les forêts de conifères, de la Côte-Nord jusqu'aux limites de la toundra. Les fruits séchés remplacent les raisins secs. Frais, ils entrent dans la composition de desserts et de gelées. Ils deviennent plus juteux après quelques gelées.

Bleuets

Les «perles du Saguenay» poussent un peu partout au Québec. Les baies sont riches en vitamines A et C. Pendant la Deuxième Guerre mondiale, les pilotes de l'aviation britannique prenaient de l'extrait de bleuet pour améliorer leur vision nocturne. Le sirop de bleuet est efficace contre les diarrhées.

Framboises

Il existe des framboises rouges et des framboises noires, qu'il ne faut pas confondre avec les mûres. Les framboises noires sont plus acides que les rouges et conviennent bien aux confitures. Certains plants de framboises rouges produisent deux récoltes, la première au mois de juillet et la deuxième à la fin de septembre, si des gelées précoces ne surviennent pas. On cueille les framboises dans les terrains incultes, à l'orée des bois et dans les pâturages.

Les feuilles de framboisiers font une excellente tisane dépurative, astringente, diurétique et tonique. Récolter les jeunes feuilles au printemps.

Groseilles, gadelles

Les plants de ces petits fruits font partie du même genre, Ribes, qui comprend plus de 120 espèces, dont le gadellier noir (cassis), le gadellier glanduleux (aux fruits velus), le groseillier des chiens et le gadellier cultivé (aux fruits rouges). Les fruits crus sont acides mais font d'excellentes confitures et gelées. On les trouve un peu partout au Québec.

Mûres

Les mûres ne poussent pas sur des mûriers (des arbres dont le feuillage servait à nourrir les vers à soie) mais sur des ronces. Ces plantes vivaces et exubérantes poussent dans les champs, le long des haies et à l'orée des bois. Récolter les fruits quand ils commencent à perdre leur brillant.

Quatre-temps (photo 1)

On retrouve ce joli couvre-sol dans les bois et les clairières, de l'Atlantique au Pacifique. La plante, dont la hauteur ne dépasse guère 10 cm (4 po), fait partie de la famille des cornouilliers. Son nom lui vient des quatre faux pétales (bractées) blancs qui entourent les fleurs. Les fruits rouges — 5 à 6 par plant — apparaissent à la fin de l'été. Leur goût est plaisant, bien que peu développé à l'état frais. Le quatre-temps fait d'excellentes tartes et confitures.

1
2

Raisin sauvage (*photo 2*)

Lorsque l'explorateur viking Érik le Rouge mit le pied sur le continent américain (bien avant Christophe Colomb), il baptisa le pays «Vineland». Est-ce parce qu'il trouva du raisin sauvage, appelé aussi vigne des rivages? C'est fort possible.

Notre vigne indigène est abondante le long du Saint-Laurent jusqu'à l'île aux Coudres. Pour une raison mystérieuse, elle est rare en Estrie. La vigne grimpe aux arbres et court le long des clôtures.

Le raisin sauvage est riche en vitamines A, B, C et en sels minéraux: potassium, phosphore, fer. Le jus frais tonifie le sang et à fortes doses combat la diarrhée.

Il est important de ne pas confondre le raisin sauvage avec d'autres vignes grimpantes, comme le Smilax herbacé, le Parthénocisse à cinq folioles ou le Ménisperme du Canada. Récolter les grappes après la chute des feuilles.

Sureau blanc

Cet arbuste au feuillage gracieux donne des grappes de petits fruits acides employés pour faire du vin et du sirop bon pour la gorge. Mais je préfère utiliser les fleurs du sureau, fraîches ou séchées, dans les crêpes, les gâteaux et les muffins.

Gâteau aux framboises

Spectaculaire, ce gâteau, et pourtant si facile à faire.

Pour 8 personnes

750 ml (3 tasses) de framboises sauvages
250 ml (1 tasse) d'huile
250 ml (1 tasse) de sucre
4 œufs
500 ml (2 tasses) de farine
250 ml (1 tasse) d'étamines de quenouille
7 ml (1 1/2 c. à thé) de poudre à pâte
10 ml (2 c. à thé) de soda à pâte
15 ml (1 c. à table) de vanille
2 ml (1/2 c. à thé) de sel
500 ml (2 tasses) de crème à 35 %

Battre l'huile et le sucre. Ajouter les œufs et battre à nouveau.

Mélanger tous les ingrédients secs. Ajouter au mélange d'œufs.

Tapisser le fond de trois moules ronds avec du papier ciré. Beurrer les moules et diviser également la pâte.

Cuire au four (180 °C — 350 °F) pendant 25 à 30 minutes. Un cure-dent piqué dans un gâteau doit ressortir propre. Laisser reposer dans les moules pendant 5 minutes, puis démouler, enlever le papier ciré et refroidir sur une grille.

Fouetter la crème avec un peu de sucre, au goût. Étendre une couche de crème sur un gâteau. Parsemer de framboises. Poser un gâteau dessus et répéter l'opération. Couronner de crème fouettée et de framboises.

Muffins aux fleurs de quenouille

Servez ces muffins couleur de miel avec de la gelée de pomme et de menthe sauvage (page 150).

Une dizaine

50 ml (1/4 tasse) de beurre salé
125 ml (1/2 tasse) de sucre brun
50 ml (1/4 tasse) de miel
2 œufs
250 ml (1 tasse) de lait
5 ml (1 c. à thé) de vanille
375 ml (1 1/2 tasse) de farine
250 ml (1 tasse) d'étamines
7 ml (1 1/2 c. à thé) de poudre à pâte
2 ml (1/2 c. à thé) de soda à pâte

Garniture facultative

250 ml (1 tasse) de fleurs de sureau fraîches *ou*
125 ml (1/2 tasse) de quatre-temps *ou*
125 ml (1/2 tasse) de raisins secs *ou*
125 ml de dattes hachées

Battre le beurre et le sucre jusqu'à l'obtention d'une crème. Ajouter le miel, les œufs, la vanille et le lait. Bien mélanger.

Tamiser ensemble tous les ingrédients secs et incorporer petit à petit au mélange d'œufs.

Verser dans des moules à muffins et cuire au four (190 °C — 375 °F) pendant 25 minutes.

Omelette soufflée aux baies sauvages

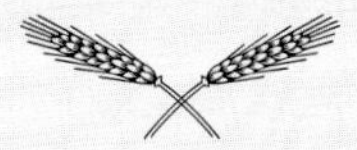

Ce dessert couronne somptueusement un repas d'amoureux.

POUR 2 PERSONNES

2 œufs, jaunes et blancs séparés
15 ml (1 c. à table) de sucre
15 ml (1 c. à table) de liqueur de framboises (page 139)
15 ml (1 c. à table) de beurre
baies sauvages: bleuets, framboises, mûres, groseilles…
sucre à glacer

Battre les blancs d'œuf jusqu'à ce qu'ils forment des pics mous.

Battre les jaunes d'oeuf avec le sucre et la liqueur.

Avec une spatule, incorporer délicatement les blancs aux jaunes.

Faire fondre le beurre dans une poêle ou un plat allant au four.

Verser le mélange et égaliser le dessus avec la spatule.

Cuire au four (200 °C — 400 °F) jusqu'à ce que l'omelette soit gonflée et le dessous doré, soit environ 2 minutes.

Faire dorer le dessus au gril.

Verser les baies au milieu de l'omelette.

Avec une large spatule, plier l'omelette en deux. Glisser sur le plat de service. Saupoudrer de sucre à glacer, de baies et d'un peu de liqueur de framboises, si désiré.

Servir immédiatement.

Pouding aux bleuets

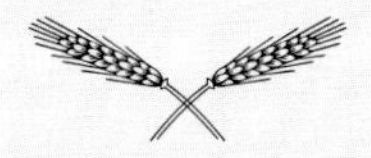

Un dessert réconfortant pour les froides soirées d'automne.

POUR 4 À 6 PERSONNES (micro-ondes)

500 ml (2 tasses) de bleuets ou autre baie
325 ml (1 1/3 tasse) de farine
125 ml (1/2 tasse) de miel
5 ml (1 c. à thé) de poudre à pâte
5 ml (1 c. à thé) de soda à pâte
125 ml (1/2 tasse) d'eau bouillante
crème à 35 %

Mélanger les bleuets, la farine et la poudre à pâte.

Combiner le miel, le soda à pâte et l'eau et incorporer aux ingrédients secs. Verser le mélange dans un moule de 1,5 l (6 tasses) beurré.

Couvrir d'une pellicule de plastique et cuire au micro-ondes pendant 10 minutes (à puissance maximum). Ou recouvrir d'une feuille d'aluminium, l'attacher avec une ficelle et cuire à la vapeur dans un grand chaudron pendant 1 heure 30.

Démouler et servir avec de la crème légèrement fouettée et une sauce au porto.

Sauce au porto

Faire fondre lentement 250 ml (1 tasse) de gelée de raisin sauvage au porto (page 150). Napper le pouding avec la sauce.

Tarte aux quatre-temps

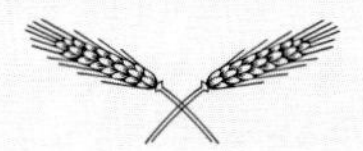

Une belle et bonne tarte faite en quatre temps, trois mouvements…

POUR 4 À 6 PERSONNES

Pâte

500 ml (2 tasses) de farine
150 ml (1/3 tasse) de beurre salé
un peu d'eau froide

Garniture

500 ml (2 tasses) de quatre-temps
250 ml (1 tasse) de raisins secs
125 ml (1/2 tasse) de xérès
125 ml (1/2 tasse) de sucre brun
15 ml (1 c. à table) de farine
30 ml (2 c. à table) de beurre
cannelle, muscade

Faire tremper les raisins secs dans le xérès.

Incorporer le beurre à la farine (au robot culinaire ou à la main). Ajouter quelques cuillerées d'eau glacée jusqu'à ce que la pâte forme une boule. Manipuler la pâte le moins possible. La glisser dans un sac de plastique et la garder au réfrigérateur au minimum 15 minutes.

Étendre la pâte et en garnir un moule à tarte. Garder au réfrigérateur pendant la préparation de la garniture.

Nettoyer et laver les quatre-temps. Égoutter les raisins secs* et les ajouter aux quatre-temps. Saupoudrer de farine. Incorporer les épices, le sucre brun et bien mélanger. Verser la garniture dans la pâte à tarte. Parsemer de petits morceaux de beurre.

Faire cuire au four (190 °C — 375 °F) pendant 25 minutes ou jusqu'à ce que la croûte soit dorée.

* Utiliser le liquide comme apéritif, nature avec des glaçons ou avec du jus d'orange.

Tartelettes aux noisettes et aux petits fruits

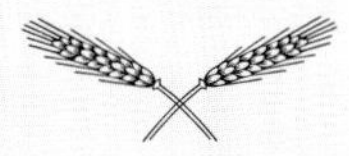

Emportez ces tartelettes en pique-nique et garnissez-les de fruits cueillis sur place.

POUR 8 TARTELETTES

Pâte

250 ml (1 tasse) de farine
75 ml (1/3 tasse) de beurre
30 à 60 ml (2 à 4 c. à table) de lait
125 ml (1/2 tasse) de noisettes

Garniture

250 ml (1 tasse) de fromage ricotta
15 ml (1 c. à table) de sucre
petits fruits (bleuets, framboises, mûres)
zeste râpé d'une orange

Étaler les noisettes sur une tôle à biscuits et les mettre au four (180 °C — 350 °F) pendant 10 minutes. Placer les noisettes dans un linge et les frotter ensemble pour enlever la peau. Les réduire en fines miettes au robot culinaire.

Mélanger la farine, le beurre, les noisettes et le sucre. Ajouter assez de lait pour former une pâte ferme. Réfrigérer 30 minutes.

Étendre la pâte et en garnir de petits moules. Couvrir chacun des moules d'une feuille d'aluminium et réfrigérer 15 minutes.

Cuire les tartelettes au four (200 °C — 400 °F) pendant 10 minutes. Retirer le papier d'aluminium et cuire encore 5 minutes.

Mélanger la ricotta, le sucre et le zeste d'orange. Remplir les tartelettes avec le mélange et décorer de petits fruits. Les tartelettes peuvent être servies avec un coulis de baies sauvages.

Coulis

Faire cuire 250 ml (1 tasse) de petits fruits dans un peu d'eau et 30 ml (2 c. à table) de sucre pendant 5 minutes. Passer pour enlever les pépins et presser pour extraire tout le jus.

Scones aux atocas

Ces biscuits moelleux sont d'origine écossaise. Traditionnellement, ils sont servis avec le high tea, chauds, fendus en deux et beurrés.

UNE DIZAINE

125 ml (1/2 tasse) d'atocas (ou de canneberges cultivées, coupées en quartiers)
500 ml (2 tasses) de farine
15 ml (1 c. à table) de sucre
15 ml (1 c. à table) de poudre à pâte
50 ml (1/4 tasse) de beurre salé
125 ml (1/2 tasse) de babeurre ou de crème à 35 %
1 œuf

Mélanger la farine, le sucre, la poudre à pâte et le beurre. Ajouter l'œuf, le babeurre et les atocas et mélanger jusqu'à l'obtention d'une pâte souple.

Étendre la pâte sur une épaisseur de 2 cm (1 po). Découper des biscuits ronds. Les brosser avec un peu d'œuf battu et les saupoudrer de sucre.

Cuire au four (200 °C — 400 °F) pendant 15 minutes ou jusqu'à ce que les scones soient dorés.

Les atocas, le raisin d'ours, le pimbina, l'airelle vigne d'Ida, la plaquebière sont des petits fruits qui méritent d'être mieux connus. La plaquebière fait une excellente liqueur, disponible dans certains magasins de la Société des alcools du Québec, sous le nom de «Chicoutée», qui est l'appellation montagnaise de ce petit fruit.

LES BOISSONS ET LIQUEURS

Florida mint

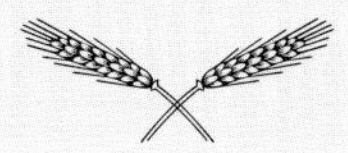

Une version du célèbre «Mint Julep» que les planteurs sudistes dégustaient dans de grands gobelets d'argent, assis sur leur véranda.

POUR 4 PERSONNES

60 ml (4 c. à table) de concentré de jus d'orange congelé
125 ml (1/2 tasse) de Jack Daniels ou de bourbon
125 ml (1/2 tasse) de fraises fraîches ou congelées
50 ml (1/4 tasse) de feuilles de menthe émincées
250 ml (1 tasse) d'eau

Mettre tous les ingrédients dans un mélangeur ou un robot culinaire et liquéfier à haute vitesse. Servir frais.

Kir à la québécoise

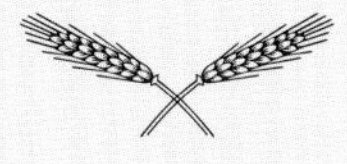

liqueur de framboises
cidre mousseux

Verser un peu de liqueur de framboises (page 139) dans des flûtes à champagne. Remplir de cidre mousseux. Servir frais.

Limonade sauvage

DONNE 1 LITRE (4 tasses)

quelques feuilles d'achillée
jus de 3 citrons
250 ml (1 tasse) de petite oseille
125 ml (1/2 tasse) de menthe
1 l (4 tasses) d'eau
sucre au goût

Verser 250 ml (1 tasse) d'eau bouillante sur les feuilles d'achillée et infuser 15 minutes. Laisser refroidir.

Mettre les herbes, le jus de citron et l'infusion d'achillée dans un mélangeur ou un robot culinaire. Liquéfier à grande vitesse.

Filtrer le liquide. Ajouter le reste de l'eau et quelques glaçons, sucrer au goût.

Liqueur de framboises

DONNE 500 ML (2 tasses)

500 ml (2 tasses) de framboises
1 bouteille de 375 ml (12 oz) d'alcool à 40 %
250 ml (1 tasse) de sucre

Mettre les framboises, l'alcool et le sucre dans un bocal de verre. Boucher et placer au soleil pendant 4 semaines. Filtrer.

La liqueur ainsi obtenue est sucrée, d'un beau rouge foncé et avec un goût prononcé de fruit. On peut la diluer avec un peu de brandy ou d'alcool blanc pour diminuer le taux de sucre.

Conserver à l'abri de la lumière. Consommer dans les 3 mois.

Punch framboise-menthe

Pour 2 personnes

60 ml (4 c. à table) de concentré de jus d'orange congelé
250 ml (1 tasse) de framboises sauvages
125 ml (1/2 tasse) de feuilles de menthe sauvage hachées finement
250 ml (1 tasse) d'eau

Dans un mélangeur ou un robot culinaire, verser le jus d'orange, les framboises, la menthe et l'eau.

Liquéfier à grande vitesse. Filtrer et presser pour extraire tout le jus.

Ajouter un peu de vodka ou de brandy, si désiré. Servir frais.

Vin chaud

Pour 4 personnes

500 ml (2 tasses) de jus de raisin sauvage dilué
5 ml (1 c. à thé) de clou de girofle
2 bâtons de cannelle
le zeste d'une orange
sucre
brandy (facultatif)

Faire chauffer le jus de raisin avec les épices, le zeste d'orange et le sucre au goût pendant 15 minutes. Filtrer, ajouter quelques cuillerées de brandy si désiré. Servir chaud.

LES THÉS ET TISANES

Le coureur des bois

La potion magique

Tisane bon teint

Tisane de la reine

Agréables au goût, les infusions d'herbes sauvages possèdent également des propriétés médicinales.

Achillée millefeuille

Le héros de la guerre de Troie, Achille au talon vulnérable, aurait utilisé cette plante pour soigner ses soldats. Appelée aussi herbe à dinde, cette plante vivace a des feuilles divisées en segments fins, d'où son deuxième nom. Les feuilles et les fleurs à peine écloses font un thé au goût agréable et aux propriétés purificatrices et toniques.

Épinette

Les jeunes pousses d'épinette, récoltées au printemps quand elles sont tendres, donnent des infusions au goût de sapinage. Digestive et antiseptique, l'épinette est recommandée pour les rhumes, les maux de gorge et les troubles du foie.

Lédon du Groenland

Appelé aussi thé du Labrador, ce petit arbuste croît dans le nord du Québec. On le retrouve sur la rive nord du Saint-Laurent, de Charlevoix jusqu'aux îles Mingan. Le thé du Labrador est antiscorbutique, stimulant, tonique. Il purifie le sang.

Marguerite

Cette vivace aux jolies fleurs fait un thé doux aux propriétés calmantes, diurétiques et toniques. Ramasser les fleurs à peine écloses avant que les insectes les envahissent.

Menthe

Riche en vitamines A et C, la menthe est digestive, stimulante, antiseptique et tonique. Elle fait des infusions rafraîchissantes, à consommer chaudes ou froides.

Ortie

Comme l'achillée, l'ortie est une des meilleures plantes médicinales. Une cure de tisane d'ortie est recommandée au printemps et en automne pour nettoyer le système. Une tasse de tisane chaque jour donne de l'énergie. Pour garder ses vertus curatives, la tisane ne doit pas être bouillie. L'ortie est également un excellent légume vert, avec une haute teneur en fer. L'utiliser pour faire des soupes et des omelettes.

Porter des gants de caoutchouc pour récolter les orties. Les tiges comme les feuilles sont couvertes d'aiguillons qui provoquent des démangeaisons cutanées.

Ronces

Le thé de feuilles de ronce a des propriétés astringentes, dépuratives, diurétiques et toniques. Récolter les feuilles à l'automne, quand elles sont rouges. Mélanger avec des feuilles de framboisier.

Thé des bois

Élément important de la pharmacopée amérindienne, le thé des bois contient du salicylate, une substance voisine de l'aspirine et qui possède les mêmes propriétés. Son goût parfumé rappelle à certains la gomme à mâcher et à d'autres les «poissons rouges», ces petits bonbons de notre enfance. Les feuilles de thé des bois peuvent être récoltées toute l'année (elles restent vertes sous la neige), mais les jeunes feuilles printanières sont les plus parfumées. Les petits fruits rouges, qui ont le même goût que les feuilles, se récoltent du mois d'août jusqu'au printemps.

Le coureur des bois

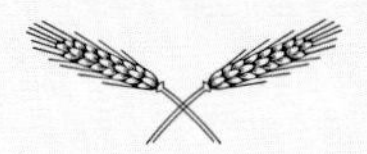

POUR 60 INFUSIONS

125 ml (1/2 tasse) de thé du Labrador
125 ml (1/2 tasse) de thé des bois
50 ml (1/4 tasse) de pousses d'épinette

Hacher ou émietter les feuilles séchées. Mélanger tous les ingrédients et garder dans un bocal de verre fermé hermétiquement à l'abri de la lumière. Utiliser 5 ml (1 c. à thé) pour 250 ml (1 tasse) d'eau chaude. Infuser 5 minutes.

La potion magique

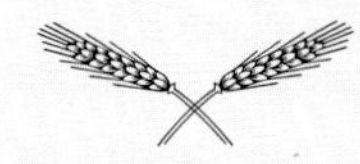

POUR 1 INFUSION

quelques feuilles d'achillée
quelques feuilles d'ortie

Verser de l'eau chaude, mais pas bouillante, sur les feuilles fraîches ou séchées. Infuser 5 minutes. Riche en sels minéraux et en vitamines, cette tisane est excellente en cure printanière.

Tisane bon teint

Pour 1 infusion

quelques feuilles de ronce (mûres)
quelques feuilles de framboisier

Infuser 5 minutes dans de l'eau chaude. Passer le liquide à travers un filtre en papier pour éliminer les épines. Cette délicieuse tisane est astringente, dépurative, diurétique, tonique.

Tisane de la reine

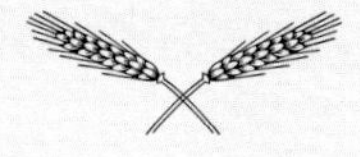

Pour 1 infusion

quelques feuilles de menthe
quelques boutons floraux de marguerite

Infuser 5 minutes dans de l'eau bouillante. Boire chaud ou froid.

LES GELÉES

Gelée de pomme au xérès

Gelée de pomme et de menthe sauvage

Gelée de raisin sauvage au porto

Gelée d'orange à la menthe

Beurre de pomme

Gelée de pomme au xérès

Donne 4 pots de 500 ml

750 ml (3 tasses) de jus de pomme
250 ml (1 tasse) de xérès
1,5 l (6 tasses) de sucre
1 sachet de pectine liquide

Mélanger le jus de pomme, le xérès et le sucre. Porter à ébullition. Verser la pectine et faire bouillir à nouveau à gros bouillons en remuant constamment pendant 1 minute.

Retirer du feu, écumer et verser dans des bocaux stérilisés et chauds. Sceller immédiatement.

Gelée de raisin sauvage au porto

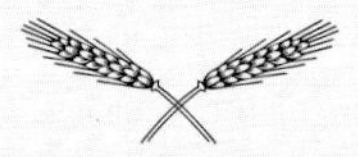

Donne 4 pots de 500 ml

750 ml (3 tasses) de jus de raisin
250 ml (1 tasse) de porto (Ruby)
jus de 1/2 citron
1,5 l (6 tasses) de sucre
1 sachet de pectine liquide

Procéder comme pour la recette de gelée de pomme au xérès.

Gelée de pomme et de menthe sauvage

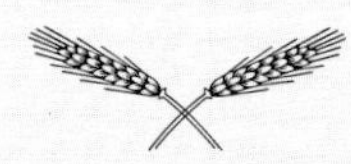

Donne 3 pots de 500 ml

1 l (4 tasses) de jus de pomme
1,5 l (6 tasses) de sucre
4 branches de 10 cm de menthe sauvage
2 ml (1/2 c. à thé) de beurre (facultatif)*

Mélanger le jus, le sucre et la menthe. Porter à ébullition. Bouillir 1 minute. Verser la pectine et faire bouillir à nouveau à gros bouillons pendant 1 minute.

Retirer du feu, enlever les branches de menthe. Écumer et verser dans des bocaux stérilisés et chauds. Sceller immédiatement.

Servir avec des scones chauds.

* Ajouter le beurre pour réduire l'écume.

Gelée d'orange à la menthe

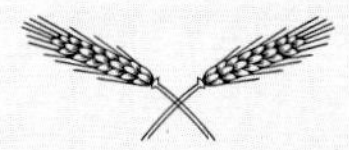

Donne 3 pots de 500 ml

1 boîte (341 ml) de jus d'orange concentré, congelé non dilué
4 branches de menthe (10 cm)
15 ml (1 c. à table) de zeste d'orange râpé
45 ml (3 c. à table) de jus de citron
300 ml (1 1/4 tasse) d'eau
1 l (4 tasses) de sucre
2 sachets de pectine liquide (une boîte)

Dans une grande marmite, mélanger le jus d'orange, le citron, le zeste d'orange, la menthe et l'eau. Ajouter le sucre et le dissoudre à feu modéré.

Amener le liquide à ébullition. Bouillir 1 minute. Ajouter la pectine tout à la fois et ramener à ébullition en remuant constamment. Laisser bouillir 1 minute.

Retirer du feu, enlever la menthe et écumer.

Verser dans des bocaux stérilisés et chauds. Sceller immédiatement.

Beurre de pomme

Donne 5 pots de 500 ml

1,75 l (7 tasses) de pulpe* ou de compote de pomme
750 ml (3 tasses) de sucre
10 ml (2 c. à thé) de cannelle
5 ml (1 c. à thé) de clou de girofle

Mélanger tous les ingrédients. Faire cuire à feu doux jusqu'à ce que le mélange ait la consistance d'une confiture épaisse.

Pour évaluer la consistance, déposer une petite cuillerée de beurre de pomme sur une soucoupe. Faire refroidir au réfrigérateur quelques minutes. Le beurre doit avoir la fermeté d'une gelée, il ne doit pas couler dans la soucoupe.

Verser dans des pots stérilisés et chauds. Sceller immédiatement.

* Voir la section jus concentrés, page 14.

LES VINAIGRES

Vinaigre à l'achillée Vinaigre de framboise
Vinaigre de menthe

Vinaigre à l'achillée

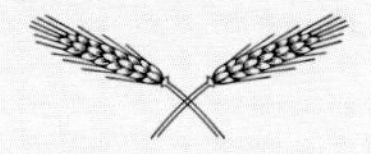

Donne 1 litre (4 tasses)

1 l (4 tasses) de vinaigre de cidre naturel
250 ml (1 tasse) de feuilles d'achillée fraîches

Macérer dans un bocal de verre pendant 3 semaines au soleil. Filtrer et embouteiller. Utiliser pour assaisonner une salade de pissenlit ou du mesclun.

Vinaigre de framboise

Donne 1,5 litre (6 tasses)

1,5 l (6 tasses) de vinaigre de cidre naturel
500 ml (2 tasses) de framboises

Mélanger et laisser macérer dans un bocal de verre au soleil pendant 3 semaines. Filtrer et mettre en bouteille.

Foie de veau au vinaigre de framboise: *faire griller une tranche de foie de veau dans un peu de beurre. Déglacer la poêle avec du vinaigre de framboise, réduire quelques minutes à feu vif. Verser la sauce sur le foie.*

Vinaigre de menthe

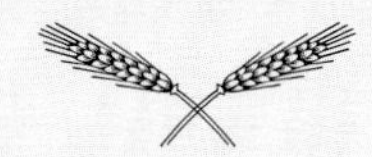

Donne 1,5 litre (6 tasses)

1,5 l (6 tasses) de vinaigre de cidre naturel
une dizaine de branches de menthe

Macérer dans un bocal de verre au soleil pendant 3 semaines. Filtrer, embouteiller.

Ce vinaigre est autant un assaisonnement savoureux qu'une boisson rafraîchissante. Diluer 5 ml (1 c. à thé) de vinaigre de menthe dans un grand verre d'eau fraîche.

> ***Côtelettes d'agneau au vinaigre de menthe:*** *faire griller des côtelettes d'agneau. Déglacer la poêle avec le vinaigre. Réduire la sauce. Verser sur les côtelettes.*

LES RECETTES DES GRANDS CHEFS

Si la cuisine avec les plantes sauvages a été jusqu'à tout récemment une affaire d'initiés, elle est en train d'acquérir ses lettres de noblesse aux mains de chefs réputés.

Trois chefs, qui ont mis à leur menu des plantes sauvages, ont bien voulu partager leurs recettes avec moi.

La Maison de la Rivière

Caressée par les bouleaux et les cèdres, bercée par le fjord du Saguenay, amoureuse du torrent à côté, La Maison de la Rivière se dresse au milieu des granits roses et des mousses vertes en parfaite harmonie avec son environnement. Comme l'est la cuisine de Michel Lambert.

Ce cuisinier poète s'inspire généreusement du patrimoine culinaire amérindien et de la nature qui l'entoure pour concocter des plats originaux et raffinés qui lui ont valu de nombreux prix, entre autres le Grand Prix du Tourisme 1990-1991, catégorie gastronomie, pour le Saguenay—Lac-Saint-Jean.

Consommé de tomate au cèdre et aux olives

Pour 4 personnes

1 l (4 tasses) de bouillon de bœuf
1 poignée de vermicelle chinois
15 ml (1 c. à table) d'huile d'olive
1 gousse d'ail hachée
5 ml (1 c. à thé) de sucre
1 tomate épluchée, épépinée, coupée en dés
1 petite branche de cèdre (thuya) de 6 à 7 cm (2 à 3 po) de long
20 olives vertes farcies au poivron rouge
1 pincée de poivre de Cayenne
2 oignons verts hachés

Amener le bouillon à ébullition. Ajouter le vermicelle chinois et baisser le feu.

Ajouter l'ail, le sucre et le cèdre. Mijoter en goûtant de temps en temps pour obtenir le goût de cèdre désiré. Enlever la branche de cèdre.

Au moment de servir, ajouter la tomate, les olives et le poivre de Cayenne. Réchauffer sans bouillir.

Répartir dans les assiettes et saupoudrer d'oignons verts.

Salade de tomate et de violette

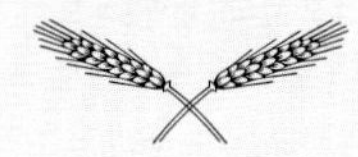

Pour 4 personnes

20 feuilles de violette assez larges
4 tomates moyennes
10 ml (2 c. à thé) de persil haché
3 oignons verts hachés
12 fleurs de violette

Vinaigrette

2 ml (1/2 c. à thé) de sel
1 ml (1/4 c. à thé) de poivre
5 ml (1 c. à thé) de jus de citron
20 ml (4 c. à thé) d'huile d'olive extravierge

Couper les tomates en 5 tranches chacune. Dans chaque assiette, faire alterner les tranches de tomate et les feuilles de violette.

Parsemer de persil et d'oignons verts. Arroser de vinaigrette et décorer avec les fleurs. Accompagner de pain croûté.

Filet de porc au poivre et aux bleuets

Pour 4 personnes

2 petits filets de porc
5 ml (1 c. à thé) d'huile d'olive
10 ml (2 c. à thé) de poivre grossièrement moulu
3 tranches de bacon
1 oignon moyen coupé en dés
375 ml (1 1/2 tasse) de bleuets frais ou congelés
125 ml (1/2 tasse) de bouillon de poulet
10 ml (2 c. à thé) de sucre
5 ml (1 c. à thé) d'apéritif DuBleuet (facultatif)
10 ml (2 c. à thé) de beurre
sel, poivre
1 pincée de clou de girofle moulu

Couper le bacon en fines lanières et le faire fondre à feu moyen.

Ajouter l'oignon et faire revenir jusqu'à ce qu'il soit transparent. Ajouter les bleuets, le bouillon de poulet, le sucre, l'apéritif, le clou de girofle. Amener à ébullition. Passer au mélangeur puis au tamis si on désire un coulis parfait. Incorporer le beurre froid. Saler, poivrer. Réserver.

Badigeonner les filets de porc avec un mélange d'huile d'olive et de poivre grossièrement moulu. Cuire les filets dans un mélange de beurre et d'huile d'olive ou mieux, sur gril au feu de bois. La cuisson rosée est recommandée.

Pour servir, napper l'assiette avec le coulis, y déposer le filet coupé en diagonale et accompagner d'un assortiment de légumes verts, de riz et de radis à la crème.

Salade de dinde aux atocas

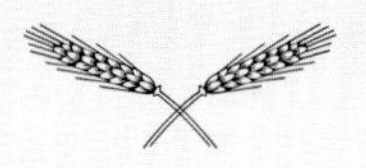

POUR 4 PERSONNES (micro-ondes)

1 filet de dinde
500 ml (2 tasses) d'atocas
250 ml (1 tasse) de sucre
50 ml (1/4 tasse) d'eau
10 ml (2 c. à thé) de moutarde de Dijon
5 ml (1 c. à thé) de câpres
1 romaine

Vinaigrette

5 ml (1 c. à thé) de vinaigre de cassis ou de vin blanc
20 ml (4 c. à thé) d'huile
2 ml (1/2 c. à thé) de moutarde sèche
2 ml (1/2 c. à thé) de sucre
2 ml (1/2 c. à thé) de sel
1 ml (1/4 c. à thé) de poivre

Cuire la dinde au micro-ondes après l'avoir salée légèrement ou la faire pocher 10 à 15 minutes dans un bouillon de poulet. Refroidir et trancher en aiguillettes assez épaisses. Couvrir et conserver au frais.

Mélanger les atocas, le sucre et l'eau. Amener à ébullition et cuire à feu vif pendant 10 minutes. Refroidir complètement.

Trancher la romaine assez finement.

Mélanger les ingrédients secs de la vinaigrette. Incorporer l'huile graduellement en battant avec un fouet.

Au moment de servir, mélanger la confiture d'atocas avec la moutarde de Dijon et les câpres. Ajouter 5 ml (1 c. à thé) de vinaigrette et bien mélanger.

Incorporer le reste de la vinaigrette à la romaine coupée.

Répartir la laitue sur 4 assiettes. Déposer les aiguillettes de dinde en étoile sur la romaine et garnir le centre de sauce aux atocas.

Accompagner de pain grillé.

Aux Berges de l'Aurore

Le mont Mégantic dégage, paraît-il, des vibrations positives et bénéfiques. Je suis bien tentée de le croire, car au pied de cette montagne estrienne niche Aux Berges de l'Aurore, un charmant relais campagnard dont le chef est positivement inspiré.

Michel Martin est un passionné, un perfectionniste et un grand artiste. Il faut le voir courir dans son jardin cueillir une grappe de pimbina pour relever une sauce ou récolter de tendres pousses d'épinette pour confectionner ses divines mignardises.

Bavarois d'orpin pourpre à la crème de betterave

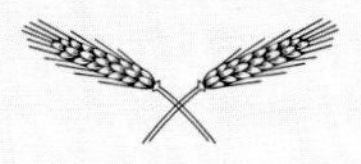

POUR 4 PERSONNES

250 ml (1 tasse) de feuilles d'orpin pourpre bien tassées
125 ml (1/2 tasse) de blanc de poireau haché
1 noisette de beurre
125 ml (1/2 tasse) de bouillon de volaille
1 enveloppe de gélatine sans saveur
125 ml (1/2 tasse) de crème à 35 %
sel, poivre

Crème de betterave

125 ml (1/2 tasse) de betteraves cuites, coupées en dés
125 ml (1/2 tasse) de crème à 35 %
sel, poivre

Sauter rapidement l'orpin et le poireau dans le beurre (ne pas rôtir).

Faire gonfler la gélatine dans le bouillon froid puis ajouter au sauté de verdure. Réchauffer, saler, poivrer.

Liquéfier au mélangeur, verser dans un bol et laisser prendre au frigo en fouettant de temps en temps, jusqu'à consistance de crème fouettée molle.

Battre la crème à la même consistance. Incorporer au mélange d'orpin et verser dans 4 ramequins huilés. Réfrigérer au moins 4 heures.

Crème de betterave

Passer le tout au mélangeur. Ajouter un peu d'eau si la crème est trop épaisse. Verser la sauce froide dans 4 assiettes, poser les bavarois dessus. Garnir de feuilles d'orpin et de fleurs de ciboulette.

Granité au pimbina et au vieux rhum

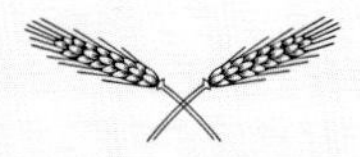

Pour 4 personnes

250 ml (1 tasse) de baies de pimbina
75 ml (1/3 tasse) d'eau
50 ml (1/4 tasse) de sucre
75 ml (1/3 tasse) de rhum brun

Porter le sucre et l'eau à ébullition et infuser le pimbina pendant 5 minutes (ne pas cuire). Liquéfier au mélangeur et passer au tamis.

Ajouter le rhum et refroidir dans une sorbetière. À défaut, congeler et battre régulièrement avec une spatule de bois jusqu'à consistance de neige mouillée.

Servir dans de petites coupes comme trou normand.

Pour faire un délicieux sorbet dessert de ce granité, doubler la quantité de sucre et réduire le rhum de moitié.

Pousses d'épinette confites

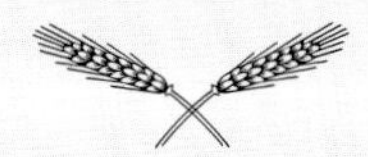

Pour 4 personnes

12 pousses d'épinette
75 ml (1/3 tasse) de sucre
50 ml (1/4 tasse) d'eau

Choisir les nouvelles pousses d'épinette aux aiguilles souples et vert tendre.

Porter le sucre et l'eau à ébullition, réduire le feu et jeter les pousses d'épinette dans le sirop. Confire jusqu'à ce que les pousses soient brillantes et le caramel blond.

Étendre immédiatement sur du papier ciré. Laisser refroidir puis garder dans une boîte fermée hermétiquement. Peut se conserver 3 mois au sec.

Servir avec le café accompagnées de petits fours et de chocolat fin.

Pommes au pimbina et au caramel d'érable

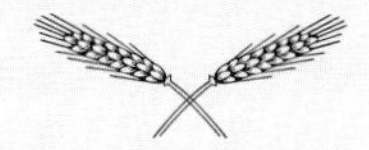

POUR 4 PERSONNES

4 pommes reinettes du Canada (ou 8 si elles sont petites)
125 ml (1/2 tasse) de baies de pimbina
30 ml (2 c. à table) de beurre
50 ml (1/4 tasse) de sirop d'érable
125 ml (1/2 tasse) de crème à 35 %
30 ml (2 c. à table) de sirop d'érable

Enlever le cœur des pommes mais ne pas les peler. Les farcir d'une noisette de beurre chacune et les cuire à four chaud (220 °C — 425 °F) jusqu'à ce qu'elles soient gonflées.

Pendant ce temps, faire un caramel avec 50 ml (1/4 tasse) de sirop d'érable et une noisette de beurre. Ajouter le pimbina et enrober les fruits avec le caramel en inclinant la poêle, pour éviter de les écraser.

Farcir les pommes avec le pimbina et servir sur la crème légèrement fouettée avec 30 ml (2 c. à table) de sirop d'érable.

Excellentes en dessert, ces pommes fourrées au pimbina sont également délicieuses en accompagnement de gibier ou de volaille. Réduire alors le sirop d'érable de moitié dans la composition du caramel et omettre la crème.

La pomme reinette du Canada a une peau épaisse, grise ou fauve. Elle a l'avantage de conserver sa forme à la cuisson tout en devenant très tendre. Flétrie par une longue préservation en chambre froide, elle retrouve sa forme à la cuisson.

La Tanière

Issus d'un même terroir généreux, le gibier et les plantes sauvages se marient avec bonheur à la table de La Tanière, un restaurant retiré dans les terres agricoles de Sainte-Foy, loin du brouhaha de la capitale.

Le chef Laurier Therrien, grand amateur de chasse, traduit son amour de la nature avec des plats raffinés, au caractère unique. Les têtes de violon, les champignons, l'ail des bois côtoient le cerf, le sanglier, le caribou, le bison d'élevage à son menu.

Canard aux chanterelles

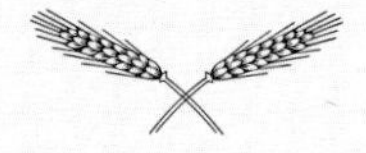

Pour 4 personnes

1 canard de 1,2 kg (2 lb 10 oz)
1 l (4 tasses) de chanterelles fraîches
3 oignons verts émincés
15 ml (1 c. à table) de persil haché
1 pincée d'herbes de Provence
sel, poivre
huile
beurre

Hacher 250 ml (1 tasse) de chanterelles, mélanger avec les oignons verts, le persil et les herbes.

Saler, poivrer l'intérieur du canard, farcir avec le mélange, brider et cuire au four (190 °C — 375 °F) 35 minutes environ.

Quelques minutes avant de servir, faire sauter le reste des chanterelles coupées en lamelles. Saler, poivrer. Servir en accompagnement.

Truite à l'ail des bois

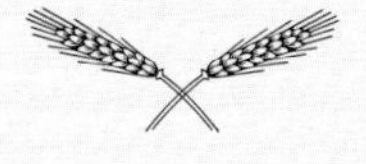

Pour 2 personnes (micro-ondes)

2 truites
175 ml (3/4 tasse) d'eau
1 oignon
1 branche de céleri
1 feuille de laurier
3 têtes d'ail des bois émincées
22 ml (4 1/2 c. à thé) de cognac
crème à 35 %
sel, poivre
beurre manié

Lever les filets de truites. Mettre les parures (peau, arêtes, têtes), l'oignon, le céleri et le laurier dans l'eau et mijoter 30 minutes. Filtrer.

Faire revenir l'ail des bois dans un peu de beurre. Déglacer au cognac, ajouter le fumet, de la crème au goût et réduire à feu moyen. Assaisonner. Si la sauce est trop liquide, la lier avec un peu de beurre manié.

Faire cuire les filets de truite 3 à 4 minutes au four (260 °C — 500 °F) ou 2 minutes au micro-ondes à puissance maximum. Servir sur la sauce.

Noisettes de chevreuil au genièvre

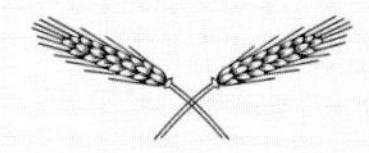

POUR 4 PERSONNES

8 noisettes de chevreuil prises dans le filet ou la selle
500 ml (2 tasses) de chanterelles
30 ml (2 c. à table) de beurre
30 ml (2 c. à table) d'huile
125 ml (1/2 tasse) de cognac
175 ml (3/4 tasse) de crème à 35 %
une douzaine de baies de genièvre
8 croûtons

Étuver les chanterelles dans un peu de beurre. Saler, poivrer.

Sauter les noisettes de chevreuil dans le beurre et l'huile, en les gardant légèrement saignantes. Saler, poivrer et dresser les noisettes sur le plat de service, en les alternant avec des croûtons frits au beurre et recouverts de chanterelles. Garder au chaud.

Déglacer le fond de cuisson avec le cognac et les baies de genièvre écrasées. Ajouter la crème, faire bouillir quelques instants. Passer la sauce au chinois. En napper les noisettes.

Servir avec une purée de pomme légèrement sucrée.

Perdrix à la liqueur de noisette et au thé des bois

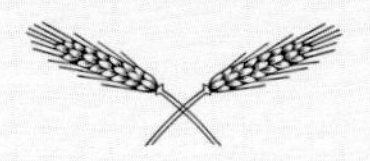

POUR 4 PERSONNES

1 perdrix
15 ml (1 c. à table) de beurre et de graisse d'oie
8 feuilles de thé des bois
50 ml (1/4 tasse) d'eau
125 ml (1/2 tasse) de fond de veau
15 ml (1 c. à table) de liqueur Frangelico (à la noisette)
sel, poivre
crème à 35 %

Retirer la peau de la perdrix et désosser la poitrine. Garder les cuisses entières.

Dans une poêle, colorer à feu vif les morceaux de perdrix dans le beurre ou la graisse. Les transférer dans un plat allant au four et les cuire (200 °C — 400 °F) pendant 20 minutes.

Infuser quelques minutes le thé des bois dans l'eau. Filtrer. Conserver les feuilles.

Déglacer la poêle avec la liqueur de noisette, mouiller avec le fond de veau et l'infusion de thé. Amener à ébullition.

Ajouter la crème et laisser réduire à feu moyen pendant 10 minutes. Rectifier l'assaisonnement en fin de cuisson.

Émincer les poitrines de perdrix et disposer en éventail avec les cuisses de chaque côté. Napper avec la sauce. Décorer de feuilles de thé des bois.

BIBLIOGRAPHIE

Les indispensables

POMERLEAU, René, *Champignons de l'est du Canada et des États-Unis,* La Presse.
POMERLEAU, René, *Guide pratique des principaux champignons du Québec,* La Presse.
Le groupe Fleurbec, *Plantes sauvages comestibles.*
Le groupe Fleurbec, *Plantes sauvages des villes et des champs.*
LAMOUREUX, Gisèle et collaborateurs, *Plantes sauvages printanières,* Fleurbec éditeur.

Références supplémentaires

FRÈRE MARIE-VICTORIN, *Flore laurentienne,* Les presses de l'université de Montréal.
ANGIER, Bradford, *Guide des plantes sauvages médicinales,* Broquet.
Sélection du Reader's Digest, *Secrets et vertus des plantes médicinales.*

INDEX DES RECETTES

TABLE DES MATIÈRES